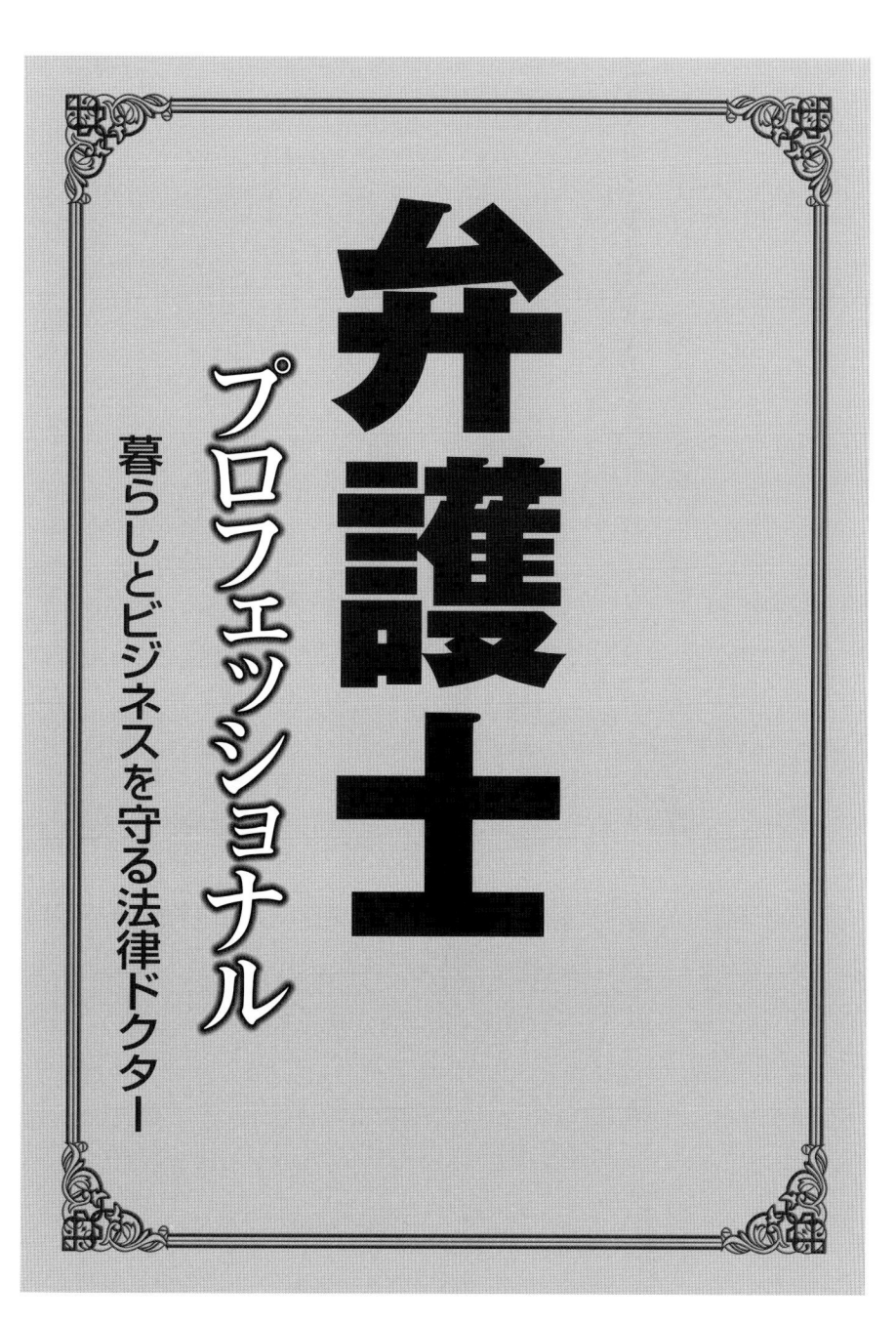

弁護士

プロフェッショナル

暮らしとビジネスを守る法律ドクター

浪速社

弁護士プロフェッショナル
暮らしとビジネスを守る法律ドクター

はじめに

身体の調子が悪くなればお医者さんに診てもらいます。同様に日常生活や仕事上でトラブルが起これば弁護士に相談します。医師も弁護士も困った時に頼りになる先生ですが、一般の認知度では大きな差があります。

医者にかかるには、どんな時に、どんなタイミングでいけばいいのか。あまり考えることなく自然に足を運びます。弁護士に対してはどうでしょうか。どんな問題を抱えた時、どういうトラブルに見舞われたときに行けばいいのでしょうか。

相談するタイミングは？どの弁護士に頼めばいいのか？料金はどれくらいかかるのか？これらがいまいちわからず躊躇してしまう人が多いのではないでしょうか。

法律事務所は敷居が高く一見さんはお断り…。弁護士の先生はしちむつかしそうで近寄りがたい。こうしたイメージがなかなかぬぐえないのが現実でしょう。

本書ではそれぞれの地域、様々な分野で活躍する弁護士の先生方を厳選してその活躍ぶりを紹介しています。取材スタッフが弁護士事務所を伺って、専門分野や得意分野、独創的な取り組みや、新しい時代の息吹を先取りする斬新なリーガルサポートの一端を、生き生きとした筆致で描いています。

本書の取材で痛感したのは、弁護士の皆さんが自らの信念、熱い想いを抱いて、依頼者の最大の利益と最小のリスクの為に奮闘する姿でした。

社会のドクターである弁護士の皆さんの気高い情熱と、依頼者目線に立ったハイレベルのホスピタリティに心打たれる思いがしました。

本書に登場いただいた弁護士の皆さんが口を揃えて私達に伝えて下さったことがあります。それは「もっと気軽に弁護士を利用して欲しい」ということです。「もっと早く相談に来てくれていたら…」こう嘆く先生方が何人もいらっしゃいました。

これは弁護士がまだまだ一般に身近な存在として浸透していない表れでもあると思います。本書を通じて弁護士の存在が私たちの暮らしにより身近なものとなり、これからの生活やビジネス、あるいは商売や地域社会で、手近なガイダンスとしてお役に立てれば幸いです。

本書の制作にあたって多くの方々のご協力をいただきました。この場を借りて改めてお礼申し上げます。

平成二十五年九月

ぎょうけい新聞社

Contents

もくじ

はじめに……3

ALBA法律事務所（東京都新宿区）――弁護士 高橋 斉久……12
独創的なアイデアで高齢者の暮らしと福祉施設を総合サポート
日本の新たなセカンドライフ像の構築を目指す

弁護士法人 クラフトマン（東京都新宿区）――弁護士・弁理士 石下 雅樹……22
企業法務では知的財産権、個人では交通事故対応に特化
堪能な語学力を武器に国際関連事案に強みを発揮

小西法律事務所（大阪市北区）――弁護士　小西　憲太郎……32
事件解決に依頼者と共に歩むオープンな法律事務所
少年事件を中心に刑事、民事をオールマイティーに手掛ける

櫻井法律事務所（名古屋市中区）――弁護士　櫻井　博太……42
外国人問題に多くの実績を持ち心の温もりを大切にする
常に依頼者の目線に立って迅速、適切にサポート

さつき法律事務所（東京都新宿区）――弁護士　大貫　憲介……52
外国人問題、国際案件、外国法適用事件のエキスパート
多言語対応と熱意で異国の地で暮らす人々をサポート

ソレイユ経営法律事務所（三重県四日市市）――弁護士　板垣　謙太郎……62
企業法務に特化して中小企業経営をトータルにサポート

Contents

法律、経営の両面から経営を支え、予防法務の徹底を図る

高橋綜合法律事務所（東京都港区）――弁護士　高橋　達朗……72

卓越した訴訟実績を誇りプロ集団を率いる

こだわりと熱意で依頼者の為に力を尽くす

弁護士法人 デイライト法律事務所（福岡市博多区）――弁護士　宮﨑　晃……82

離婚問題・労働問題に特化する専門家集団

ＤＶ・モラハラを許さず迅速果敢に解決

東京ジェイ法律事務所（東京都千代田区）――弁護士　松野　絵里子……92

企業のグローバル化に伴うあらゆる法務に対応

迅速適切なサポート、質の高いサービス

なにわ法律事務所（大阪市北区）――弁護士　大西　隆司……102
企業サポート・相続に特化して多くの経営者から厚い信頼を集める
弁護士の枠にとらわれない独自のリーガルサービスを展開

西村隆志法律事務所（大阪市北区）――弁護士　西村　隆志……112
債権回収と事業再生に特化した企業法務のスペシャリスト
法律と経営の両面から中小企業を的確にサポート

野口＆パートナーズ法律事務所（大阪市北区）――弁護士　野口　大
弁護士　大浦　綾子……122
人事労務と相続・事業承継に強いコンサルタント型弁護士
全国の多数の企業・経営者のブレーンをつとめる

弁護士法人 フェアネス法律事務所（東京都港区）――弁護士　遠藤　直哉……132

Contents

これからの日本を切り開く「新しい法社会」の再構築に取り組む
幅広い事件を扱い、ソフトローを活用し、社会改革に邁進する熱血の弁護士

南堀江法律事務所（大阪市西区）――弁護士　山内　憲之……142
医療過誤、金融・不動産、消費者問題のエキスパート
依頼者に真摯に向き合い迅速・的確に対応

横浜西口法律事務所（横浜市神奈川区）――弁護士　飯島　俊……152
遺産・相続から労働、債務、刑事までオールマイティーに対応
すべての事案に丁寧に向き合い質の高い事件処理

弁護士法人 リーガルジャパン（大阪市北区）――弁護士　木下　慎也……162
本格的な弁護士費用保険制度の導入に尽力
依頼者本位の開かれたリーガルサービスを提供

弁護士
プロフェッショナル
暮らしとビジネスを守る法律ドクター

Interview SAMURAI業

独創的なアイデアで高齢者の暮らしと福祉施設を総合サポート
日本の新たなセカンドライフ像の構築を目指す

「人生の全てをサポートするのが弁護士です。あらゆるニーズに対して最良の法的サービスを提供するのは当然です。“電気・水道・ガス・ALBA”と覚えてほしい」

ＡＬＢＡ法律事務所

弁護士　高橋 斉久

２０１３年7月に行われた参議院議員選挙の投票率は52・1％で戦後3番目の低さを記録し、改めて〝若者の政治離れ〟や〝政治への無関心〟を示し、正しく民意が反映されているのか？という疑問や不満をことさら強くする結果となった。

国政選挙は国の在り方や国民の生活を左右する極めて重要なものだが、近年は選挙制度の問題とも絡んで国政選挙の抜本的な見直しが求められている。

こうした中で、「政治においてまず大切なのは、国民一人ひとりがどのような生活を望み、どうしたいかを自覚することです。その上で国民みんなが政治に参加する形が理想です」と力を込めて語るのは、ＡＬＢＡ法律事務所の代表を務める高橋斉久弁護士だ。

弁護士の枠に捉われない思考で常に日本の未来を考え、様々な活動を行っている高橋弁護士は、とりわけ高齢者問題に精力的に取り組んで多くのニーズを得、「日本をみんなが安心して暮らせる国にしたい」との熱い想いで、日本における独創的な新しいセカンドライフ像を創り上げつつある。

愛知県出身の高橋弁護士は現在40歳。京都大学経済学部を卒業後、「目の前の困っている人、一人ひとりの力になりたい。そうでなければ、日本を変えることなど到底できない」との純粋な想いから弁護士を志した。「独立までお世話になった事務所で弁護士のイロハの全てを教えていただきました」と弁護士事務所勤務を経て、東京・新宿にＡＬＢＡ法律事務所を開設した。

「事務所名のＡＬＢＡというのは夜明け、始まりという意味です。日本の明るい夜明けを実現するという想いを込めています。四谷三丁目駅から徒歩すぐという好立地で、緑に囲まれた風光明媚な場所で、環境は抜群です」と笑顔を見せる。

高齢者の生活を守る〝リーガルライフライン〟
電話や訪問など定期的見守りで孤立化や法的リスクを予防

ＡＬＢＡ法律事務所で手掛ける業務は多岐にわたり、一般民事事件から刑事事件、行政事件に至るまでオールマイティーに対応する。

「人の人生の全てをサポートするのが弁護士です。あらゆるニーズに対して最良の法的サービスを提供するのは当然です」と話す高橋弁護士が今最も力を入れて取り組んでいるのが、「高齢者のサポートと福祉に関する分野」だという。

「社会の高齢化が進展すると共に、核家族や少子化が進み、お年寄りのひとり暮らしや老々世帯が増えています。これを国や自治体がきちんとカバーすべきなのですが、まだまだ不十分なのが実情です」

こうした現状を打開しようと、高橋弁護士が提供しているサービスが〝リーガルライフライン〟だ。

「これは私の事務所が皆様の窓口となり、高齢者に降りかかる問題、例えば孤立化や様々な法的リスク・不安から皆様をお守りしようというものです」

サービスの柱としているのが〝リーガルホットライン〟で、「定期的な電話連絡と訪問による見守り、生活上の様々な悩み事の相談に対応するといったサービスを利用者の皆さんに提供しています」

例えば今、大きな社会問題となっているオレオレ詐欺や、消費者被害といったトラブルに巻き込まれないための相談窓口として利用でき、高齢者の安心、安全な生活を支える役割を果たしている。

「これまでは弁護士に相談というと、敷居が高く感じられてつい躊躇してしまう。折角相談に来られてもその時点ではやや手遅れで、もう少し早ければもっと手の打ちようがあったのにというケースが多々ありました」

こうした事情から高橋弁護士は、この〝リーガルホットライン〟を「水道の蛇口をひねるように気軽に利用して欲しいのです」と力を込めて訴える。

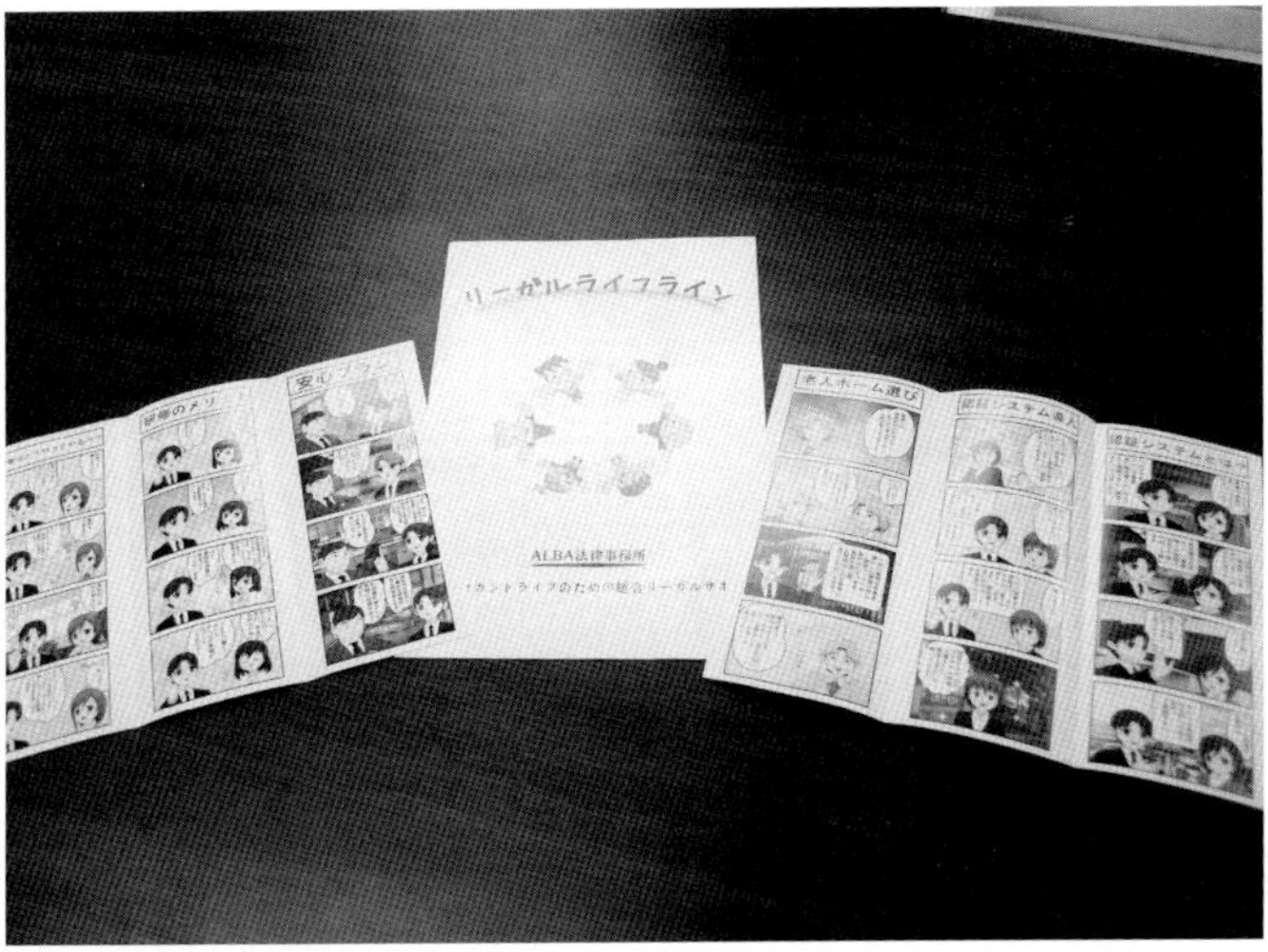

独自に実施しているサービスを漫画形式にしてわかりやすく利用者に伝えている

人生のラストステージを飾るお手伝いのライフデザインノート弁護士は身近な「かかりつけ医」のようなもの

「雨が降ったら傘をさすように、何か問題を抱えたら弁護士に相談する、という具合に弁護士を当たり前のような存在と考えていただきたいのです。水道や電気などのライフラインと同じ感覚で、とにかくいつでもどんな時でも疑問や不安に感じたことがあれば、たとえ世間話だけに終わっても結構ですから、お話を聞かせて欲しい」と高橋弁護士は呼びかける。

高橋弁護士も頼りにする２人の優秀なスタッフ

高齢者サービスの一環として、ＡＬＢＡ法律事務所が行っているサービスに〝ライフデザインノート〟がある。「人生のラストステージを飾るお手伝いをしたい、との想いから始めたものです。例えば老後の生活や財産処理をどうするか、お墓や葬式はどうするかなど、ご自身の人生を振り返っていただきながら、理想の未来像をノートにまとめていただきます」という。ノートに自分の老後や亡くなった後の決め事などをまとめて、その意思を弁護士が本人に代わって実現させていくというものだ。

高橋弁護士は「依頼者のご意思を全て実現させるには、遺言や財産管理、後見を熟知していなければならず、弁護士だからこそ出来るサービスでもあります」と説明する。こうした弁護士ならではのサービスは、手間がかかる割には実入りが少なく、専門的・総合的に取り組む弁護士は少ない。「採算は度外視して、困っている人を助けたいとの一心で実施しています。とくに遺言は、時間をかけてオーダーメイドでお作りしています」という。口コミでの評判が良いのも納得できる。

高橋弁護士が実践する高齢者へのこうしたサービスは、あらゆる場面で活用できるという。

「例えば交通事故や家の問題、借金の問題、消費者被害、雇用問題、各種契約、結婚・離婚、養子縁組、中小企業経営、後継者問題、犯罪に至るまで、人生の様々な場面における法的リスクに幅広く対応しています」とライフデザインサービスに絶対の自信を見せる。

「まず私たちの事務所と繋がりをもっていただき、トラブルに直面したり、巻き込まれそうになったときに、すぐに助けられる関係を多くの方と作っていきたいと思います。イメージとしては、ちょうどかかりつけ医のような存在です。〝電気・水道・ガス・ＡＬＢＡ〟と覚えてもらうのが理想です」

福祉施設を総合的にサポートする〝リーガルガード〟
事故などのトラブルを未然に防いで健全な施設運営を

高齢者に対する手厚いサポートと並んで、高橋弁護士が業務の柱としているのが福祉施設支援サービスだ。「福祉施設総合法的支援」、通称〝リーガルガード〟と呼ばれているもので、高橋弁護士は、「病院や老人ホームなどの福祉施設における様々な法的リスクを総合的に予防し、解決しています」と説明する。

高齢者が増えるに伴って、全国で高齢者施設が増加している。増大する高齢者施設はまた、利用者との間でのトラブルも増えている。近年、高齢者施設の健全な管理・運営が強く求められるようになった。

「施設側はより良いサービスを提供しようと真剣に運営しているつもりでも、実は法的リスクが潜んでいるという場合が少なくありません。事故が起こった時には多額の賠償金を請求され、施設廃止にまで追い込まれることもあります。せっかく良いサービスを実践している施設なのに潰れるのはもったいないことです。こうした事態を解消するために考案したのが〝リーガルガード〟です」

健全な施設運営のための研修・セミナー・講演活動も精力的に行っている

高橋弁護士は、法的リスクを防ぐためにまず職員向けの法的リスクマニュアルの作成や、リスク管理システムの確立によってトラブルの未然防止を提案している。

法的リスクを無くし、質の高いサービスの提供を独自の「認証システム」で利用者が安心できる施設選び

「リスクを恐れてサービスの低下を招いたり、リスクを過少に評価して事故が発生するといった事態を無くすためには、バランスのとれた施設運営が肝要です」と、高橋弁護士は職員の研修やセミナー、講演活動を精力的に行い、職員一人ひとりに対する啓蒙、情報提供に力を入れている。

「研修では、アクシデントリスクや訴訟リスクの軽減、風評被害予防や、施設利用者・施設職員の安全・安心を実現させるといった内容を盛り込んでいます」と説明する。

さらに施設職員が本来の業務に専念できる環境をつくるため、高橋弁護士はクレーム対応代行を

行っている。「福祉施設へのクレーム電話を私の事務所で直接お受けし、最終的な法的紛争まで見据えて、迅速・適切な対応をアドバイスしています」

トラブルが起きた際には初動の対応いかんで、結果が大きく変わる場合が多いだけに「私達専門家がクレームに対応することで、将来のリスクを減らし円満解決に繋げられます」とメリットを強調する。法的リスクを無くしながら、質の高いサービスを提供できる施設づくりを目指す高橋弁護士は、「沢山の施設の中から自分に合った、信頼のおける施設を選ぶのは実際難しいものです」と、率直に語る。

高橋弁護士は、利用者が施設を選ぶ際の目安を作ろうと〝認証システム〟を構築し、施設への導入を進めている。独自の評価システムによるリスク診断に基づいて、リスク管理システムを構築し、職員の研修を行って、一定の厳密な水準を満たした施設が〝認証〟を受けられるというものだ。

これによって利用者の安心・信頼を獲得することが出来るというわけだ。「利用者だけではなく、施設経営が安定し、施設の職員も安心して仕事に従事できるなどメリットは大きい」と強調する。

今後はこの認証システムの管理・運営を別組織にし、全国対応の形態に移行していく考えだ。

相談者がいつでも気軽に相談できる弁護士
最初に見通しを伝えて不安な気持ちを取り除く

高齢者と福祉サービスを2本柱に、日々の業務に余念がない高橋弁護士だが、相談者と接する上での心がけを次のように語る。

「相談される方は皆さん、先生、先生と呼んで下さいますが、立場が違うだけですから上下関係は作らず、あくまで対等に接しています。何でも気軽に相談できる弁護士というのが私の理想です」

さらに、「相談する際は、最初に見通しを全てお話しています」とも。スタッフは、「高橋先生は仕事がとにかく早く、話がわかりやすい」と口を揃える。手続きの流れや、事件の勝算といった今後の展開を細部まで具体的に相談者に伝えることを徹底しているのだ。病院、福祉施設、国会議員、運送業、飲食業、不動産業など、多くの顧問先から絶大な支持を集めているのも頷ける。

「相談に来られる方は悩みを抱え、不安な気持ちを持たれている方ばかりです。最初に今後の見通しとなるロードマップを伝えることで、まず不安な気持ちを取り除くことが大切なのです」という。

弁護士の枠を超えたサービスを提供し、相談者にとっての身近な存在となって、多くのクライアントの暮らしや企業経営を支える高橋弁護士は、弁護士によるシンクタンク機能〝リーガルガバナンス〟を通じて、地方自治体の政策立案や研修など、元気な自治体づくりもサポートしている。

また、後進の育成にも熱心で、中央大学法科大学院で、若い法曹界の卵たちに教鞭を執る。

「毎日目の回るような忙しさですが、仕事は楽しく、日々充実しています」と明るく笑う。

「日本を世界一暮らしやすい国にしたい」という理想に燃えて法曹界に飛び込んだ高橋弁護士が、自ら考案した高齢者と福祉のサービスは、時代のニーズに応える形で、時間の経過とともに確かな広がりを見せている。

「もっとサービスを向上させて、世界に誇れるセカンドライフ像をつくっていきたい。理想は、老後を迎えるのが楽しみだと誰もが実感できる社会の実現です。そうなれば若者はもっと元気がでる」と瞳を輝かせる。

Profile

》 高橋 斉久（たかはし・なりひさ）

昭和 48 年 5 月生まれ。愛知県出身。京都大学経済学部卒業。中央大学大学院法務研究科修了。司法試験に合格後、弁護士登録。事務所勤務を経てＡＬＢＡ法律事務所を開設。

所属・活動

財団法人松下政経塾出身。中央大学法科大学院教員。東京弁護士会所属。趣味は囲碁、プールやジムで心と身体を整えること。

Information

》 ＡＬＢＡ法律事務所

所　在　地　〒 160 － 0017　東京都新宿区左門町 6 － 7　鯉江ビル 501
TEL 03 － 6380 － 0876　FAX 03 － 6380 － 0875
URL　http://www.alba-lawoffice.com

ア ク セ ス
- 東京メトロ丸ノ内線「四谷三丁目駅」3 番出口　徒歩 3 分
- ＪＲ総武線「信濃町駅」徒歩 9 分
- 都営新宿線「曙橋駅」Ａ 1 出口　徒歩 11 分

主な業務内容　遺言、交通事故、借金問題、離婚、男女問題、刑事事件、高齢者支援、福祉施設支援、顧問弁護士、自治体支援

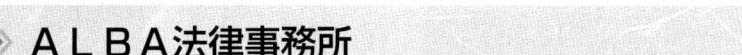

企業法務では知的財産権、個人では交通事故対応に特化
堪能な語学力を武器に国際関連事案に強みを発揮

「海外企業が日本市場にスムーズに参入できるよう、また、日本企業が積極的に海外で事業展開できるようバックアップしていきたい」

弁護士法人クラフトマン
弁護士・弁理士　石下 雅樹

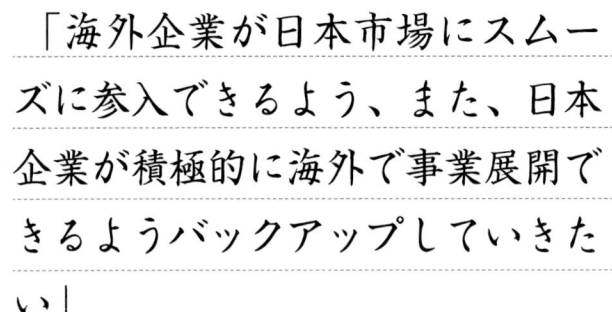

日本における弁護士の誕生は、明治新政府による司法改革でフランスの司法制度に倣った「代言人」の制度が始まりとされる。１８９３年の「弁護士法」制定の頃から「弁護士」と呼称されるようになり、戦後の「弁護士法」の改正とともに、国家権力から独立した弁護士の自治が確立された。

弁護士の業務は、主に「法律事務ないし法務」と規定されているが、その分野は実に多岐にわたる。離婚や相続、個人の破産・再生、交通事故や過払金返還請求などの一般民事。企業の倒産・事業再生、金融、税務、知的財産、紛争処理などの企業法務の分野。そして、被疑者や被告人の弁護活動を行う刑事の分野がある。

弁護士の職務はこれらの法律に則して、我々のさまざまな「生きる権利」、「知る権利」を主張し、守っていく活動であると言える。

企業法務を主体に、なかでも知的財産権に関わる弁護士活動で、首都圏を中心に多くのクライアントの信頼を得ているのが、弁護士法人クラフトマンの代表弁護士の石下雅樹さんだ。

横浜と新宿に拠点事務所を持ち、ソフトウェア開発の企業やＩＴ系製造業、Ｗｅｂ関連企業などの知的財産をめぐる契約、紛争、権利保護など企業価値、企業利益の確保のため日夜奮闘している。

法人設立による複数の事務所運営で依頼者の利便性に応える
ＩＴ関連企業が全クライアントの約半数を占める

弁護士法人クラフトマンは平成24年9月に法人設立した。石下雅樹弁護士は、「弁護士法人を設立したのは、2か所以上の事務所が持てるためです。平成12年に横浜で独立しましたが、その後、東京に本社機能を持つ企業のクライアントが多くなったので、利便性を高めるため都内にも事務所が必要でした」と語る。

石下弁護士は、東京大学文学部を中途退学してその年のうちに司法試験に合格し、弁護士の道を歩む。元来物理や自然科学が好きで中学生の頃からコンピュータに慣れ親しんだ。それも「パソコンでゲームに熱中」などというものではなく、自身でプログラムを作成したりするマニアックなレベルだ。

独立当初は一般的な弁護士業務を行っていたが、ソフトウェア開発会社やＩＴ（情報通信）関連企業がクライアントとして多くなる。「話す言語がすぐに共有できます。依頼案件を討議する場合でも、業界で通用していることを一から噛み砕いて説明を受ける必要がなく、私のクライアントは大変楽になります」と石下弁護士。

弁護士法人クラフトマンは現在70社前後の顧問契約企業を抱えるが、その4分の1がソフトウェアに関わる企業であり、全体の約半数がＩＴなど何らかの知的財産を重要な経営資源とする企業で占められている。

産業の知的財産は、特許権、実用新案権、意匠権、商標権など知的財産権がきちんと守られているかを詳細にチェック

石下弁護士のクライアントにはユーザーから発注を受けてソフトウェアを受託開発したり、パッ

ケージソフトウェアを開発する会社が多い。

産業分野の知的財産権は、「特許権」、「実用新案権」、「意匠権」、「商標権」が代表的で、「知財四権」と呼ばれる。この他に著作権があるが、現在日本ではITソフトウエアを著作権の対象として保護しており、場合によっては特許権でも保護している。

仕事は、まず受託契約書・使用許諾契約書の作成や相手先から提示される契約書のチェックから始まる。そして、自社開発した会社の知的財産権が契約上できちんと守られているか、適切なリスク回避がなされているかどうかをつぶさに見極めていく。

石下弁護士は、開発者の権利が契約によってしっかりと守られているかを厳しく確認し、クライアントに代わって権利を主張し、相手企業と交渉することもある。

新宿事務所のあるパシフィックマークス新宿サウスゲート

また、ソフトの受託開発の場合、知的財産に関する紛争に加え、納期の遅れ、中途の仕様変更や発注意図と内容の食い違いなどから損害賠償を求める訴訟になるケースも多い。こうした時、日常の企業活動で適切なアドバイスをする顧問弁護士がいるかいないかで自社の権利が保護されるか否かに格段の差が付く。さらに、その顧問弁護士がビジネス法務のあらゆる分野に精通、豊富な経験とノウハウを持った優秀な弁

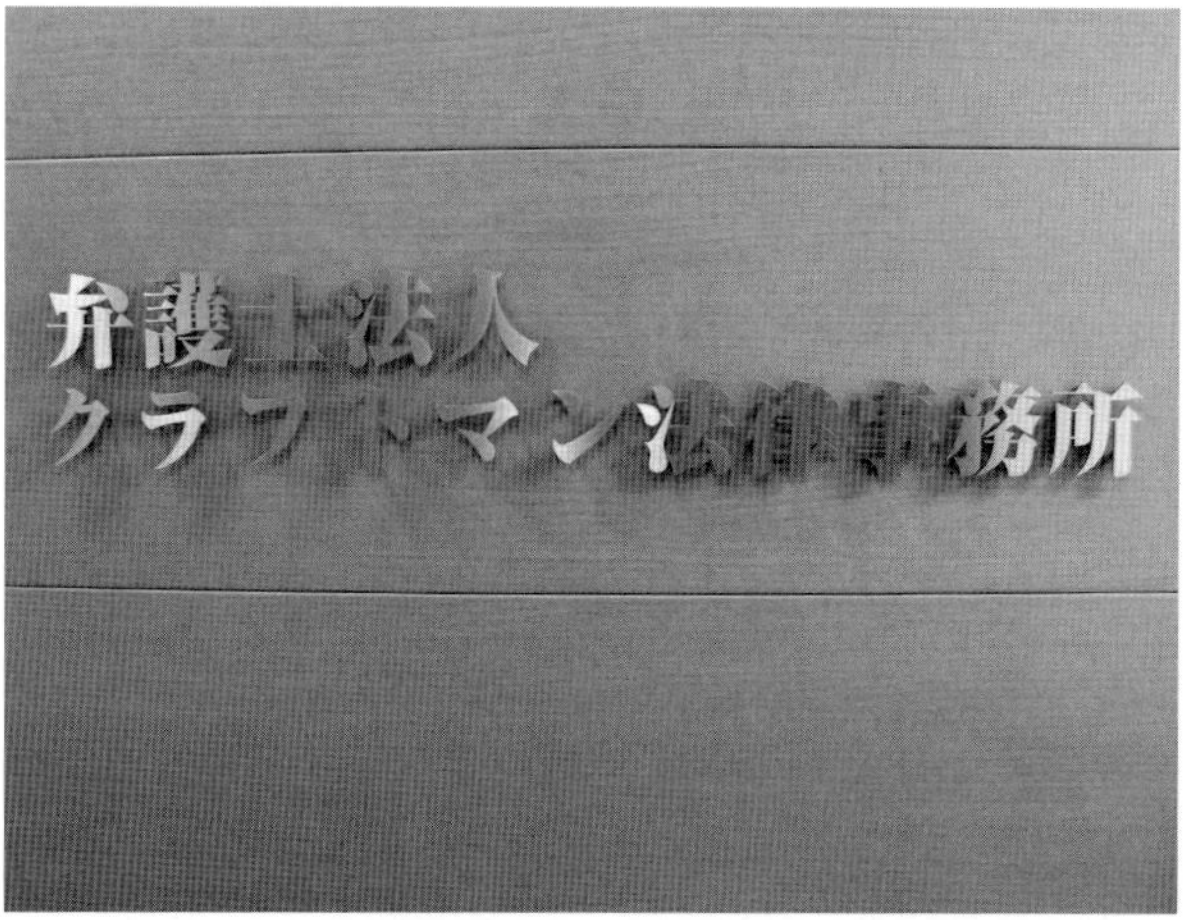

クライアントの最大利益確保に努める弁護士法人クラフトマン

護士かどうかでさらに結果は大きく変わる。

「知的財産権をめぐる案件では、権利を侵害されたため賠償や差し止め請求をする場合と、特許を侵害しているのではないかと他社から訴えられるケースの両方があります。いずれの場合もクライアントの利益確保のために、私の知識とノウハウのすべてを動員して全力で取り組んでいます」と石下弁護士は力強く語る。

ＩＴ関連以外でも知的財産権が重要な経営資源となる会社は少なくない。こんな特許紛争案件もあった。或る建設会社Ａ社が、発泡スチロールブロックを盛土材料として使用することで盛土構造物の超軽量化や土圧軽減を可能にするという施工方法を行っていたところ、この工法の特許を持つ建設会社Ｂ社が特許を侵害していると主張してきたのだ。石下弁護士は、共同で受けた弁理士とともにこの工法に関するあらゆる文献、資料を取り寄せて詳細に調べ上げた。その範囲は海外にまで及び、土木に詳しい技術専門家を通して入手したノルウェーの文献から、この工法が既に公刊された論文に存在することを確認。特許の「新規性」を打ち崩しＢ社の特許の無効性を立証した。

「新しい分野の依頼があると、徹底して勉強と調査をします」という石下弁護士のかたくなまでの真摯な姿勢がクライアントに有利な結果をもたらし、多くの企業の信頼を集めている。

丁寧な取り組みをモットーに、一切の手間暇を惜しまない
クライアントの最大利益を求め、損失は最小に留める

弁護士の活動にはその根本に「説得性」と「納得性」がある。証拠や文献、資料に基づいて説得力のある主張を展開し、係争相手や裁定者をいかに納得してもらうかにかかっている。石下弁護士は常に精力的に、クライアントの最大利益を求め、損失は最小に留める努力を惜しまない。

「企業は人なり」と言われるように企業にとって人材の力は大きい。特にソフトウエア開発は人材が最大の財産である。このため労働問題の事案も多く依頼される。裁判だけでなく労働組合との交渉を引き受けることもある。

「解雇した元社員から不当解雇の訴えを受けているとか、また、問題のある社員に辞めてもらいたい、など労使の問題では会社側からの依頼や相談が多く寄せらます」

労働関係の相談では、会社の知的財産が不法に流出していないかという管理体制にも関わってくるが、基本姿勢はいかに良好な労使関係を築き上げるかにある。このため就業規則の作成や変更の相談にも応じている。

弁護士法人クラフトマンは丁寧な取り組みをモットーに、一切の手間暇を惜しまない。食品パッケージの印刷表示の適法性チェックもその一つだ。

食品メーカーは新製品の市場投入で熾烈な競争を展開するが、その度に作られる新しいパッケージに表示される文言、内容は、食品衛生法、意匠法、商標法、不正競争防止法、また、品質表示基準、公正競争規約など様々な法律で規制されている。

堪能な語学力を活かしてグローバルなネットワークを駆使する石下弁護士。
ブラック・ダック・ソフトウェア㈱主催のセミナーで

新製品発売後にパッケージ表示がこれらの法律のいずれかに違反、抵触しているとなると、製品回収、パッケージの作り直しなど莫大な損失が発生する。こうした事態を未然に防ぐため、弁護士法人クラフトマンはクライアントの利益保護のため、細大漏らさずチェックしている。それまでパッケージに関するクレームに悩まされていたクライアント企業から大きな信頼を得ている。

個人案件は交通事故被害事件に特化
専門知識を積み上げ、綿密な調査に基づく弁護活動を展開

弁護士法人クラフトマンは、個人の事件は交通事故損害賠償事件に特化している。「訴訟実務経験が大きくものを言うのは当然ですが、加えて、過失相殺の立証においては自動車工学の知識や科学的素質が必要になります。私自身、元々物理や力学、工学というのが好きですから、調査や検証にも力が入ります」と苦笑する石下弁護士、実際に事故が起きた日時と同じ真冬の朝5時に、バイクを使って事故現場の検証を行ったこともあった、という。

手掛ける交通事故事件はすべて被害者の側に立つ弁護活動のため保険会社を相手にした交渉となる。後遺障害の等級認定で争う場合は医学的根拠立ても必要になってくる。遠方の医師であっても会いに行き、医学の専門知見を確認することもいとわない。「特許侵害の場合もそうですが、専門知識を学び、徹底して調査し、データを積み上げ、妥当性を論証していくという作業が身についていますから」と、クライアント（交通事故被害者）の利益を最大に確保するべく努める。また、弁護士法人クラフトマンでは、交通事故の被害者が弁護士費用を負担できないために不利益をこうむらないよう、被害者救済の観点から状況に配慮した費用体系を組んでいる。つまり、次の4つの条件を満たす場合には、相談料無料、着手金なし、依頼者にとっては初期費用無しで弁護依頼ができるようにしている。

①人身事故であること②被害者が死亡し、または、後遺障害等級認定がされていること③加害者が任意保険に入っていること④相談に際し、損害保険の弁護士費用特約を使えないこと

この場合の弁護士費用・実費は事件が終了し、賠償を得られた場合にすべてを精算することができる。

堪能な語学力を活かしてグローバルなネットワークを駆使
充実した国際法務・渉外法務

石下弁護士の弁護活動の大きな特色に「堪能な語学力」がある。離婚に伴う財産分与に際して、夫の財産がタイ、シンガポール、ベトナム、インドネシアなど多数の国に散在していた。その内容を確定するには、国際法務を扱うことができ、優れた語学力を持つ弁護士でないと困難という事件

だったが、海外事情に精通する石下弁護士は、その語学力を活かしこの案件を難なく解決した。

また、オーストラリアで巨額の遺産を残して亡くなった依頼人の父親が現地で遺言書を作成し、遺言執行者を選定していたという事案があった。石下弁護士は、現地の法律を調査し、戦略を練った。「知り合いの現地の弁護士に連絡を取り、彼のアドバイスを受けながら現地の遺言執行者と交渉して解決しました」とこともなげに語る。持てる堪能な語学力を遺憾なく発揮、企業の海外取引の際の英文契約書のチェック、作成から、契約書や専門文書の翻訳業務も引き受けている。企業にとっては法律家と翻訳家という二人の専門家を雇わなくて済むことになり、効率的であり、経済的でもあり、何よりも法の専門家による正確性が担保される。

石下弁護士は海外との取引で発生する紛争や訴訟も解決している。例えば海外の取引先との紛争に巻き込まれて、アメリカの裁判所に提訴された日本のクライアントに対して石下弁護士は、先んじて日本で訴訟を提起するとともに、アメリカでの訴訟は現地で米国人弁護士と密に連絡をとって対処し、結果納得のいく形で和解にこぎつけた。膨大な日本語の証拠資料を英訳して米国人弁護士に提供、実際にアメリカに飛んで裁判手続に関与するなど、情報収集力、素早い行動と労を惜しまぬ姿勢が成し得た成果のひとつだ。今や企業活動は国際化が常態化し、日本企業の海外進出、また海外企業の日本市場への参入は日常化してますます活発化している。

いずれの場合も、雇用契約、合弁契約、販売代理店契約などの基本となる契約から、知的財産権の契約や開発委託契約など様々な契約作業が多発する。ますます、国際法務、渉外法務の重要性は高まってくる。弁護士法人クラフトマンは既にアメリカにもクライアントを持ち、これまでにも台湾、オランダ、ロシア、アフリカなどでも実績を積み重ねている。

「海外企業が日本市場にスムーズに参入できるよう、また、日本企業が積極的に海外で事業展開できるようバックアップしていきたい」と石下弁護士は闘志をみなぎらせる。

Profile

石下 雅樹（いしおろし・まさき）

平成6年3月東京大学文学部中退。同年10月司法試験合格。同9年4月弁護士登録。勤務弁護士を経て平成12年1月にクラフトマン法律事務所開設。

所属団体・公職

知的財産権・企業法関連、日本知財学会、弁護士知財ネット、法とコンピューター学会
Interjurist（スイス・ジュネーブを拠点とする法律事務所の国際団体）
交通事故関連、日本交通法学会（交通・交通災害に関する諸法の研究を行う学会）
日弁連交通相談センター　法律相談担当弁護士

他の技能・資格

TOEIC 920点。日本知的財産翻訳協会知的財産翻訳検定1級合格。初級システムアドミニストレーター。危険物取扱者乙種第1類（酸化性固体）
（最近の主な著書）「Q＆A　薬局・薬剤師の責任－トラブルの予防・解決－」（共著　新日本法規出版）、「医師の知的財産戦略パーフェクトマニュアル」（総合監修　エルブレーントラスト株式会社刊）

Information

弁護士法人クラフトマン

所　在　地

新宿事務所　〒160－0022　東京都新宿区新宿4－2－16
パシフィックマークス新宿サウスゲート9階
TEL 03－6388－9679　FAX 03－6388－9766
URL http://www.ishioroshi.com

横浜事務所　〒221－0835　横浜市神奈川区鶴屋町3－32－14
新港ビル4階
TEL 045－276－1394　FAX 045－276－1470

アクセス

●新宿事務所
JR新宿駅から徒歩3分。地下鉄丸の内線新宿三丁目駅から徒歩2分。
●横浜事務所
ＪＲ横浜駅から徒歩5分。みなとみらい線・ブルーライン横浜駅から徒歩6分。

業 務 時 間　平日9:00－17：30

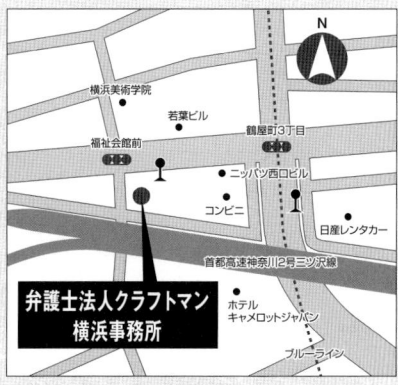

Interview SAMURAI業

事件解決に依頼者と共に歩むオープンな法律事務所

少年事件を中心に刑事、民事をオールマイティーに手掛ける

「依頼者一人ひとりの貴重な人生を、相談を通じて共有させていただく、同時に事件解決に向けて依頼者と一緒に歩んでいくというスタンスを大切にしています」

小西法律事務所

弁護士　小西　憲太郎

「弁護士」に私たちはどのようなイメージを抱いているだろうか。知的な憧れの職業。敏腕で頭が切れる。よくテレビに出てかっこいい。自分がお世話になる事があるのか、などなど。

弁護士に対して思い描くイメージは人それぞれだが、近年テレビやラジオ、新聞、雑誌などのメディアに弁護士露出が多く、その影響で弁護士という職業を身近に感じるようになった人も少なくない。

弁護士事務所の方でもみんなに親しまれる存在にとばかり、誰もが気軽に相談に訪れやすい環境づくりに熱心だ。とくに若い世代の弁護士を中心に、敷居の低い開かれた法律事務所のアピールに様々な工夫を凝らしている。

小西法律事務所の小西憲太郎弁護士は、「様々なトラブルを抱えて困っている方々が、気軽に相談に訪れることができる法律事務所です」とアピールする。地域に溶け込み、地域に親しまれる法律事務所として、日々の弁護士活動に奔走する新進気鋭の頼れる弁護士だ。

大阪外国語大学（現大阪大学外国語学部）を卒業後、大阪大学大学院法学研究科へ進学。「当時は研究者になろうと思っていました」という小西弁護士が一転して弁護士の道を志したのは、平成9年に起きた神戸連続児童殺傷事件がきっかけだったという。

〝酒鬼薔薇事件〟として有名になったこの事件は、2人が死亡し、3人が重軽傷を負う惨事を巻き起こしたが、何より犯人がわずか14歳の少年だったことが世間に大きな衝撃を与えた。

「強いショックを受けましたね。その後、事件を伝える報道記事や、関係書を読み漁りましたが、私自身の人生観がこの事件で大きく覆えさせられました」と述懐するように、これをきっかけに弁護士の道を志した。

平成16年に司法試験に合格、同18年に弁護士としてのキャリアをスタートさせた。

事件解決に向けて一緒に歩むスタンス
民事から刑事までオールマイティーに対応

弁護士としてこれまで多くの依頼者と向き合ってきたが、小西弁護士は依頼者の年齢や肩書に関係なく、あくまで一人の人間として、対等な立場ですべての依頼者と接することを心がけてきた。

「老若男女問わず色んな方が相談に来られますが、依頼者一人ひとりの貴重な人生を、相談を通じて共有させていただくという意識はいつも持っています。同時に、事件解決に向けて依頼者と一緒に歩んでいくというスタンスも大切にしています」と自らの弁護士道の気構え、心構えをしっかりした口調で語る。

さらに「弁護士は解決へ向かうプロセスを通して、さまざまな依頼者から極めて多くの事柄を学んでいきます」と率直な心情を述べる。

そして小西弁護士は、「弁護士の仕事とは、いわばそれ自体が人生修行の場なのだと思います」とも。事件を通じて多くの依頼者と関連する人生の一コマを共有することで、新たな発見や気付きがあり、それが自分自身の人生観に影響を及ぼしていくのだ。

「そういう意味では、弁護士にとって色んな問題を抱えて相談に来られる依頼者の方は、全て人生の師ともいうべき存在だと思います」

先生商売といわれて久しい弁護士業界にあって、小西弁護士が持つ弁護士のスタンスは異彩を放つ。これまでにあまり見られなかった新しい時代の弁護士像といえるかもしれない。

それだけに小西法律事務所は、訪れる依頼者も恐縮や緊張することはなく、誰でも気軽に足を運ぶことができる開かれた弁護士事務所なのだ。

小西法律事務所で取り扱う内容は、交通事故や離婚、相続、成年後見、貸金、不動産など民事事件全般から行政事件、刑事事件まで幅広い。オールマイティーな対応をとる小西弁護士だが、中でも特筆すべき分野が「少年事件」だ。

「非行行為を行った少年の弁護や付添人活動、被害者側との示談交渉、少年の両親、学校、就職先など、少年を取り巻く更生のための環境づくり、サポートが主な活動ですが、何度経験しても本当に難しい仕事だなと思います」と正直な心境を吐露する。

少年問題に対して小西弁護士は、「なによりもまず少年が心を開いて、何でも話し合える関係を樹立することが重要なのです」と熱っぽく語る。

南森町駅から歩いて５分程の場所にある小西法律事務所

心を通わせ少年の更生をサポート
少年との事件後の交流が弁護士の醍醐味

来る者拒まずの精神でどのような相談でも話を聞く小西弁護士

小西弁護士は持ち前の明るい性格と気さくな人柄で誰とでもすぐに仲良くなってしまう。それが自分自身の大きな特徴だという小西弁護士は、「こうした性格であればこそ、少年事件をはじめとした様々な事件の解決に大変役立っていると思いますし、私自身得することも多いです」と屈託なく語る。

といっても、少年事件を手掛けて当の少年を更生へ導くのは並大抵のことではない。

「少年事件が起こるのは、親や家族などの身内、学校や友達など、本人を取り巻く生活環境が整っていない場合がほとんどです。彼がおかれている環境の中に自分が入っていって、問題の多い環境を調整することが私の一番の役割だと思います」

例えば子供に虐待行為をする親の存在が、事件を起こす少年に悪影響を及ぼしているとすれば、少年が更生するためにはどのように家庭関係を調整していけばいいのか。

「この問題を上手く解決するために、色んな分野の人々から多くの話を聞き、様々な意見を参考にして、当の少年にとってどんな選択がベストなのかを常に考えています。なかなかこれが正解だ、という結論にはたどり着きません」と静かに語る。

これまで多くの少年事件を扱ってきた小西弁護士だが、少年事件については日々試行錯誤の連続

で、なかなか正解が見いだせないもどかしさを感じながらも、よりよい結論を求めて奮闘する毎日だ。

一方で、「事件が無事に解決し、更生して新たな生活に入る少年が私を訪ねてきてくれたことがありました。その少年の生きいきした顔を見ていると、弁護士になって良かったとつくづく思います。それまでの労苦も一遍に吹っ飛んでしまいます」と瞳を輝かせる。

門戸広くオープンな法律事務所を
無料法律相談と夜間対応で相談しやすい環境づくり

小西法律事務所には連日色んな相談依頼が舞い込んでくる。小西弁護士は「事務所に来られる方には、相談内容に関わらずほぼ全ての依頼に応えています。このためもあって毎日が目の回るような忙しさです」と苦笑する。

広く門戸を開け放つ法律事務所をモットーとする小西弁護士は、反社会的な事案でない限り、どのような案件も積極的に受任するスタンスをとっている。「この姿勢は開業以来全く変わっていません」と胸を張る。

「来る人拒まずです。あちこち法律事務所を訪ねて相談したけれど、みんな断られたといってやってくる人もいます。『報酬があまり見込めない』とか『手間ばかりが罹りそう』、あるいは『相手側とのコミュニケーションが取りにくそうだ』といった理由でたらい回しにされた方でも、私たちで引き受けることはよくあります」

事務所内は何部屋もの個室に分かれて相談者のプライバシーに配慮している

どんな相談者とも一度は会って話を聞く。どのようなケースでもこの姿勢を断固貫く小西弁護士は、「初回の相談料を無料にしているのもそのため」という。

さらに仕事が忙しくてなかなか相談に時間がとれない場合、依頼者のニーズに応えるため事務所の営業時間を夜の8時までとしている。弁護士事務所としてはかなり遅くまでの営業時間となっている。

弁護士の力を借りずにトラブル解決が一番の理想　法律事務所への相談を軽い気持ちで考えて欲しい

夜間対応や相談料無料など依頼者の目線に立った取り組みを行う小西弁護士は、一方で「何でもかんでも簡単に弁護士に仕事を依頼するのは考えものです」とアドバイスする。

「自分で解決できる問題であれば、まず自分の力で乗り越える努力をしてほしい」という。理由は簡単だ。その方が本人にとってお金がかからないし、時間的な手間もかかりにくく手っ取り早いからだ。

「このため小西法律事務所の無料の法律相談では、できる限りご本人が自力で解決できる糸口を示せるように心がけています」と小西弁護士。

悩みやトラブルの内容が、果たして弁護士に相談するのに相応しいものかどうかの判断が付かず、つい相談を躊躇して悩みを先送りにしている人が水面下で大勢いるのが現状だ。

こうした人々に対して小西弁護士は、「法的な問題をはらんだトラブルかどうかが分からない場合でも、相談にはどしどし来ていただいて結構です。法律事務所での相談を皆さんにもっと軽い気持ちで考えていただきたいのです」と敷居の低さをアピールする。

依頼者から学び、弁護士の仕事を心から楽しむ
トラブルを自らが成長するための人生の糧に

小西弁護士が独立して事務所を立ち上げたのが平成23年1月で、今年3年目を迎えている。「昔から油絵や陶芸が趣味で休日にはよくやっていたんですが、今は仕事が忙しくて全く出来ていません。土曜、日曜も仕事に追われることが多いです」と近況を語る。

「弁護士活動を通して色んな経験を積まれた方々と会うことが、日々新鮮な刺激となっています。今は弁護士という仕事が楽しくて仕方がありません」と充実した表情を浮かべる。

世の中には実に様々なトラブルがあり、誰でも長い人生で何かしらのトラブルに遭遇することが

ある。

多くの人の様々なトラブルを弁護士という職業を通して、見て、聞いて、肌で接してきた小西弁護士は、「人の人生が劇的に変わる時というのは、その人が絶望的な経験や苦悩を体験した時だと思います。そういう経験を通して人は成長していきます」と語る。

「そういう意味で、トラブルというのは世の中に散在する財産だと思うのです。そしてトラブルといかに付き合い、そこから何を学んだかということが大切なのだと思います」と続ける。

つまり、トラブルから目を背けることなく、遭遇したトラブルと正面から向き合い、ベターな解決に向けて力一杯がんばって欲しい」とエールを送る。

常に自然体で語る小西弁護士は、間近で接する人にさわやかさと癒しに似た安心感を与える。

先生然とした旧来の弁護士像とは程遠い、明るく快活で、気さくな人懐っこい雰囲気がより多くの相談者を招く。39歳。まさに気鋭の信頼のリーガルドクターだ。

Profile

小西 憲太郎（こにし・けんたろう）

1973年生まれ。大阪外国語大学アラビア・アフリカ語学科卒業。大阪大学大学院法学研究科公法学専攻を経て、2004年司法試験合格。司法修習を経て2006年樺島法律事務所に勤務。2011年小西法律事務所開設。

所属・活動

大阪弁護士会所属。大阪弁護士会子どもの権利委員会。刑事弁護委員会所属。
神戸学院大学法科大学院講師。

Information

小西法律事務所

所　在　地　〒530－0047　大阪市北区西天満3－13－18　島根ビル4F
TEL 06－6360－6362　FAX 06－6360－6364
URL　http://www.konishilaw.jp

アクセス

- 地下鉄堺筋線・谷町線：南森町駅2番出口徒歩5分
- 京阪本線：北浜駅26番出口徒歩5分
- 京阪中之島線：なにわ橋駅3番出口徒歩6分
- ＪＲ東西線：大阪天満駅3号出口徒歩6分

業務時間　平日　9時～20時

取扱い業務　交通事故、交通違反、相続に関する問題、離婚に関する問題、借金に関する問題、労働問題、労災、不動産に関するトラブル、医療過誤、後遺症に関する問題、損害賠償、消費者被害、家庭内のトラブル、成年後見に関する問題、高齢者・認知症・障害者の方々に関する問題、日常生活における問題、金銭関係の問題、刑事事件、少年事件、犯罪被害に関する問題、会社経営に関する問題、知的財産に関する問題、インターネットに関する問題、行政に関する問題、子どもの問題

外国人問題に多くの実績を持ち心の温もりを大切にする
常に依頼者の目線に立って迅速、適切にサポート

「感情と法のわだかまりをきちんと片づけることで、初めて依頼者にとって納得できる最適な結論をもたらすことができます」

櫻井法律事務所

弁護士　**櫻井 博太**

弁護士が身近な存在になりつつある。知的財産権や雇用・労働問題、個人情報保護、企業コンプライアンスなどが社会の関心を集め、弁護士がメディアに登場する機会も多くなった。そして中小企業の間でも顧問弁護士を抱える会社が増え、全国の各市が行う無料法律相談会には多くの一般市民が足を運ぶ。

こうした中で、名古屋市中区の丸の内で櫻井法律事務所を開設する櫻井博太弁護士は、「弁護士をもっと身近な存在として捉えてもらいたい」との熱い想いで、連日さまざまな問題を抱えるクライアントに向きあって奮闘を続ける。

「弁護士事務所の敷居が高いと思わず、もっと気軽に足を運んでいただきたいです」と語る櫻井弁護士は、「世の中に貢献できる仕事がしたい」との志を抱いて弁護士の道を選んだ。

仕事と勉強を両立させて15年の長きにわたるまさに〝刻苦勉励〟の光陰を重ねて、平成12年に司法試験に合格した。当時を振り返って櫻井弁護士は、「司法試験の勉強の期間、色んな仕事を経験できたことは今の自分の貴重な肥やしとなっています」としみじみ語る。

司法修習を経て平成15年に弁護士登録し、新たなキャリアをスタートさせた。その後、5年間弁護士事務所勤務で実務経験を積み、平成19年に地元である名古屋市内で念願の独立開業を果たした。

名古屋市営地下鉄丸の内駅から徒歩1分という好立地にある櫻井法律事務所は、開放的な空間が広がり、相談に訪れる人に決して緊張を強いることなく落ち着いた雰囲気で話ができる。

「とにかくリラックスできる環境づくりにいつも心を配っています」と語る櫻井弁護士だが、自身も誰もが打ち解けて接することができる親しみ溢れる雰囲気を持っている。

依頼者の想いを汲んで得心のいく最適な結論を導く
離婚問題は一人で悩まず是非弁護士に相談を

櫻井法律事務所は開設して今年7年目を迎える。事務所には様々な依頼が寄せられるが、相談内容は離婚や借金問題、相続・遺言、交通事故、労働問題、外国人トラブルや刑事事件と実に幅広い。櫻井弁護士は「法律上の問題は、多くは人と人との争いです。法律問題が解決したからといって、後のことが全て円満に進むとは限りません」という。

依頼者が抱えているのは法律の問題だけではないのだ。そこには怒りや嫉妬、憎悪、恨みなど負の感情がセットになっているケースが多い。「そういう人間が本来持っている感情の部分と、法律というロジカルな部分の双方をいかに解決に導いていくのか。感情と法のわだかまりをきちんと片づけることで、初めて依頼者にとって納得できる最適な結論をもたらすことができるのです」

櫻井弁護士は、常にこうした心がけを胸に秘めて相談者に向き合っている。

今櫻井弁護士が最も力を入れているのが、離婚、外国人トラブル、刑事事件の3つの分野である。これらの事案は豊富な実績を持ち、「ぜひ櫻井弁護士に」と紹介による依頼も多い。

離婚問題の解決には双方に非常なエネルギーが必要だといわれる。話し合いで円満に合意できた時は、承認の署名押印を添えて離婚届を役所に出せば済む。しかし一方が離婚に応じなかったり、子供の親権、養育費、慰謝料や財産分与でもめる場合が多いという。

このため離婚手続きはなかなかスムーズに進まず、いたずらに時間だけが経過してお互いに精神的な負担も大きくなる。櫻井弁護士は「自分一人で悩まず、弁護士に相談して欲しい」と訴える。

離婚問題を弁護士に依頼すれば、直接相手と向き合って話し合いする必要がなく、調停や審判、あるいは裁判になっても弁護士が代理人として手続きを行ってくれるため、いやな思いや気まずい雰囲気を味わうことなく、精神的な負担も軽減されるメリットがある。

櫻井法律事務所は、地下鉄丸ノ内駅から歩いてすぐの便利な場所にある

国選、私選問わずあらゆる依頼を受けてきた刑事事件被告との接見はあくまで一個人として接する

依頼者から離婚の相談を受ける中で、法的な内容以外でも必要なアドバイスを行うこともあると櫻井弁護士はいう。

「基本的にその方の人生ですから、強くはいえませんが、家庭の事情や離婚に至る背景を聞いたうえで、場合によっては離婚を踏みとどまらせるような話をすることもあります」

事務所の敷居は低く、どんな相談にも気さくに応じる櫻井弁護士

過去にはこうして離婚を思いとどまった相談者もいたという。櫻井弁護士は、「結果的に良かったのかどうかは断言できませんが、この決断によって依頼者の気持が落ち着いて楽になり、十分納得した上での決断であれば間違っていなかったと思います」と話す。

一方刑事事件は、勤務弁護士時代から今まで、国選、私選問わず積極的に案件を引き受け、着実に実績を重ねてきた。「夜中の2時過ぎに警察署から電話がかかることもありました」と当時を振り返る。

「一般の人からみれば、どうして犯罪を犯した人に肩入れするのか、と刑事事件の弁護を疑問に思う人も多いようですが、これは誤解です」と櫻井弁護士は強い口調で語る。

刑事事件を犯した人を逮捕、拘束して起訴する刑事手続きは、検察官が国の代理としていわば国家（公権力）が一個人に権力を振りかざす行為である。

「犯罪行為を行ったか否かはひとまず置いて、国から訴追された個人に弁護士がいないとなれば、国のやりたい放題になってしまう」と櫻井弁護士は解説する。最近よくメディアでも取り上げられて問題となっている自白の強要や、強引な取り調べは人権の侵害と共に冤罪を産む可能性があり、「弁護士がついていないとますますエスカレートする危険性がある」と警鐘を鳴らす。

「犯罪をおかせば罪を償わなければなりませんが、情状酌量などを得ながら犯した罪に相応といえる罰を受けるべきです。一方で犯罪を犯していないのに逮捕・勾留された人は無罪を立証しなければいけません」

刑事事件に弁護士が必要な理由はこの2点に集約されると櫻井弁護士は説く。

これまでの裁判の常識を覆す裁判員制度
被害者、被告人の立場を考えた妥当な結論を

さらに刑事事件で櫻井弁護士が最も心を砕いているのが逮捕・勾留者との接し方だ。

「自分は弁護士、相手は捕まった人という意識を持たないようにしています。あくまで一人の人間対人間として接し、対等に話をすることが接見の第一歩です。そうすることで相手も心を開いてお互いの信頼関係を高めることができ、事件の実相、真意を正しく詳細に把握して後の手続きを誤りなく進めることができます」と力強く語る。

２００９年から始まった裁判員制度は、多くの課題をはらみながらも4年が経過した。櫻井弁護士は裁判員制度についての印象を、「従来の判例に比べて重い判決が出ているようだ」と語る。

無作為に選ばれる裁判員は、いつもは変わらぬ普通の生活をおくる一般の人たちだ。裁判に際しての判断材料は、過去の判例よりも彼らの人生観や生活感情、市井人としての心情に基づく部分が大きく、「こうした部分が結果的に従来と比較して重い判決がでる要因になっていると思います」

櫻井弁護士はまた、「刑事裁判はそもそも結果に対する責任よりも行為に対する責任が重要視され

ます。例えば殺人を犯しても責任能力がないと判断されれば、医療観察法によって入院や通院治療を受けるケースがありますが、罪には問われないことになります」と説明する。

われわれ一般の人間は、刑事犯罪の結果に重きを置いて判断の材料とする。これはやむを得ない面もあるが、裁判員制度がはたして最も望ましいスタイルなのか、良い面あるいは問題となる面を判断するのは非常に難しい。裁判員制度の評価を巡る論議は、今後の真摯な検証を待ちたいところだ。

外国人問題で発揮する豊富な実績と培ったノウハウ
依頼者の実情を正しく把握して迅速・適切に対応

離婚、刑事事件と並んで多い相談が外国人にかかわるいわゆる外国人問題だ。櫻井弁護士は弁護士になった当初から、日本で生活する外国人に関する案件を積極的に手がけてきた。多くの実績を重ねてきており、これまでに培ってきた豊富なノウハウとともに、外国人問題に強い弁護士としての評価も高い。

「外国人の法律相談は大きく、交通事故や賃金の未払い、外国人との離婚問題など、一般の民事、家事事件と在留資格や難民などの行政事件とに分かれます」

櫻井弁護士は、事件によってどこの国の法律が適用するのか判断して今後の対策を考えることが大切と説く。

言葉の問題では、「相談者が通訳を連れて来てくれたり、本人がコミュニケーションをとれるくらい日本語に精通していることが多いのであまり問題にはなりません。また難民事件では通常支援者がいることが多く、弁護をするわれわれにとってはとても助かります」という。

外国の法律が適用される事件の場合でも、裁判官と協議して日本の法律で案件を処理することもあるという。

外国人の問題はその国の法律が適用される場合もある

「アフリカの法律はいくら調べてもわからないことが多く、例え法令が見つかっても部族の歴史が書いてあったりすることがあります。そんな場合は手続きをスムーズに進めるため、裁判所と話し合って日本の法律を適用することもあります」と臨機応変な対応の必要性を訴える。

弁護士としてキャリアを重ねて間もなく10年となる櫻井弁護士が大切にしてきたのは、法律に人情を込めた弁護スタイルだ。

「事務所を訪れる依頼者の方々からお話を伺う際は、事件の詳細を把握するためだけではなく、その方の人柄も理解するように心がけています。最も依頼者のためになる解決を目指し、そのプロセスを実行するには依頼者の事情を理解し、信頼関係を築くことが非常に重要になってきます」と弁護士活動についての自身の基本的スタンスをアピールする。

人の温もりを感じる〝手作りの事務所〟
広く門戸を開いてあらゆる相談を受けとめる

「これからも、人の温もりが感じられる〝手作りの事務所〟を確立していきたいと思っています」と穏やかな表情で抱負を語る櫻井弁護士は、「どのような状況におかれた人でも広く門戸を開いてこころよく受け入れ、まず話を伺って今後の対応を一緒に考えてまいります」と地域に親しまれる身近な事務所をアピールする。

ただ、明らかに常軌を逸する無茶な要求や社会正義に反するような依頼については、依頼者の要望を無批判に１００％受け入れることはしない。「勇気をもってぶれずに、自らの信念を貫いて弁護士活動に邁進していきます」と言葉に力がこもる。「今の世の中、弁護士に依頼しようかどうか迷っている人たちが大勢いらっしゃいます。弁護士の側でも、依然として一見さんお断りや紹介による依頼者にしか対応しないといった敷居の高い弁護士も存在します」と現状を語る櫻井弁護士。

現実にはそんな堅苦しい弁護士ばかりではないことをまずはわかって欲しいと訴える。

「少なくとも私の事務所の敷居の低さはどこにも負けないという自負があります。どんなご相談もどうぞ」と笑みを浮かべる。

櫻井法律事務所では、初回の相談料は形式上設定しているものの「いただくことはありません」という。

依頼者の話にじっくり耳を傾ける櫻井弁護士は今年52歳。柔和な人柄と常に依頼者の目線で語る信頼のリーガルドクターだ。

Profile

櫻井 博太（さくらい・ひろた）

昭和 36 年 11 月愛知県生まれ。平成 12 年司法試験合格。平成 13 年司法修習生（第 55 期）。平成 15 年弁護士登録（愛知県弁護士会所属）。平成 19 年櫻井法律事務所開設。趣味は山歩き。

Information

櫻井法律事務所

所在地 〒460 － 0002　名古屋市中区丸の内 1-8-23 第 7KT ビル 2B
TEL 052 － 201 － 5211　FAX 052 － 201 － 5231
E-mail　sakulaw@nba.tcp-ip.or.jp
URL　http://www.sakurai-houritsujimusyo.net/

設立 平成 19 年

アクセス 名古屋市営地下鉄
鶴舞線・桜通線
丸の内駅　7 番出口徒歩 1 分

営業時間 平日　9 時～ 17 時

理念・方針
1. 依頼者の立場に立った対応
2. 迅速かつ適切な対応・解決
3. 交渉を得意とする
4. 広く深い見識に基づくサービスの提供

取扱い業務
- **家庭や日常生活の問題**
  離婚、養育、親権、家族・親族間トラブルなど
- **金銭消費貸借の問題**
  任意整理、過払請求、自己破産、民事再生など
- **相続問題**
  遺言・遺産分割、遺留分
- **労働問題**
  セクハラ・パワハラ、未払い賃金、不当解雇、派遣切り、不当労働行為
- **企業法務**
  特許・知的財産関係、フランチャイズ契約関係、労働協約など
- **交通事故問題**
  自賠責請求、調停・裁判、ＡＤＲ（裁判外紛争解決手続き）など
- **外国人問題**
  在留資格、難民申請、国際結婚・離婚、在外資産の遺産分割など
- **刑事事件**
  被疑者弁護、被告人弁護、少年添人、告訴・告発など

Interview SAMURAI業

弁護士

Professional Lawyer

外国人問題、国際案件、外国法適用事件のエキスパート
多言語対応と熱意で異国の地で暮らす人々をサポート

「どういう解決方法がベターなのか。裁判で争うにしても何とか依頼者にプラスになって、新しい生活への第一歩を踏み出す手助けができればとの想いで一杯です」

さつき法律事務所
弁護士　大貫 憲介

近年、急速なグローバル化に伴い、日本で働く外国人労働者が以前にも増して増加している。一言で外国人と言っても多種多様だ。専門的分野、技術的分野で働く外国人、特定の技能や経験を必要としない単純労働に従事する外国人。さらに日系人や日本人の配偶者、アルバイトをする留学生など多様な外国人、外国籍の人々が日本に居住し働いている。その中で日本での滞在の長期化、永住資格取得者の増加など、日本で暮らす外国人はさまざまな問題を抱え、対応策も多様化の一途を辿っている。

今後さらに日本に在住し、働く外国人は増えていくことが予想され、日本人と日本で働く外国人が共に働きやすい社会を構築することは、日本の社会経済の発展のためにも、また、日本で働く外国人の人権尊重のためにも重要なことだ。

少子高齢化が一層進む中で、日本人と外国人が協調して働くことによって社会に活力を生み、また外国人自身が日本で働いてよかったと思える社会を作ることは喫緊の課題といえる。

こうした中で大貫憲介弁護士は、平成4年にさつき法律事務所を開設し、その後、都内で最も外国人登録者が多い新宿区に移転した。以来20年以上にわたって多くの外国人の生活を力強くサポートしてきている。

大貫弁護士は外国人関係の法令や運用の最新動向に詳しく、外国人問題に関する豊富な問題解決のノウハウを蓄積している。外国人問題に強い弁護士としての風を慕って、さまざまなトラブルや問題を抱える外国人が足繁く訪れる。

グローバル化で増大する国際離婚問題に手腕を発揮
豊富な実績とノウハウを活かして力強くサポート

日本における国際離婚数は1年間で約1万5千件と言われ、国際結婚数の約4割にあたる。国際結婚した夫婦が離婚する場合、問題となるのは、「一体どこの国の法律が適用されるのか」ということだ。適用する国の法律を「準拠法」と呼ぶ。

日本では「夫婦の本国法がいずれも日本」、「離婚時の夫婦の常居所が日本」、「夫婦に最も密接な関係国が日本」の場合は日本の法律が適用される。日本人同志の離婚と同様に、協議離婚、調停離婚、審判離婚、裁判離婚のいずれかによって離婚することができる。

しかし、配偶者の本国が協議離婚を認めていない場合や、裁判離婚しか認めていない場合は、調停離婚か裁判離婚の方法をとることになる。また、離婚自体を禁止している国や離婚慰謝料を認めない国もあり、外国法が適用される事例もあるなど、国際離婚は複雑な法律問題が派生する。こうした国際離婚に関わるさまざまな問題を解決するのはもちろんのこと、正しい知識や情報に辿りつくことすら大変な困難を伴う。

さつき法律事務所は、事務所開設以来やっかいな問題をはらむ国際離婚の事案に一貫して取り組み、事務所の大きな特徴の一つとなっている。

「外国人が日本で裁判を受ける場合、課せられるハードルは非常に高いものがあります。国際離婚事案では判断の基準となる法制度や慣習が国によって異なるため、財産分与や子どもの親権などの問題がより深刻になり、当事者にしかわからない家庭の実情をどう裁判官に説明していくか、心を砕いています」と大貫弁護士は説明する。

平成25年6月にハーグ条約の一つである「国際的な子の奪取の民事面に関する条約」の批准に向けた法律が国会で制定され、家裁の実務に変化が生じた。かつては、認められたとしても月1回程度であった、別居後の父親と子供の面会交流について、家庭裁判所は相当に積極的で、面会交流の実施を原則とするなど、進歩した部分も多い。

　同時に虐待や夫婦間暴力が原因で母親や子どもが父親に会いたくない場合でも、面会の実施への圧力が高いなど、まだまだ改善点は多い。

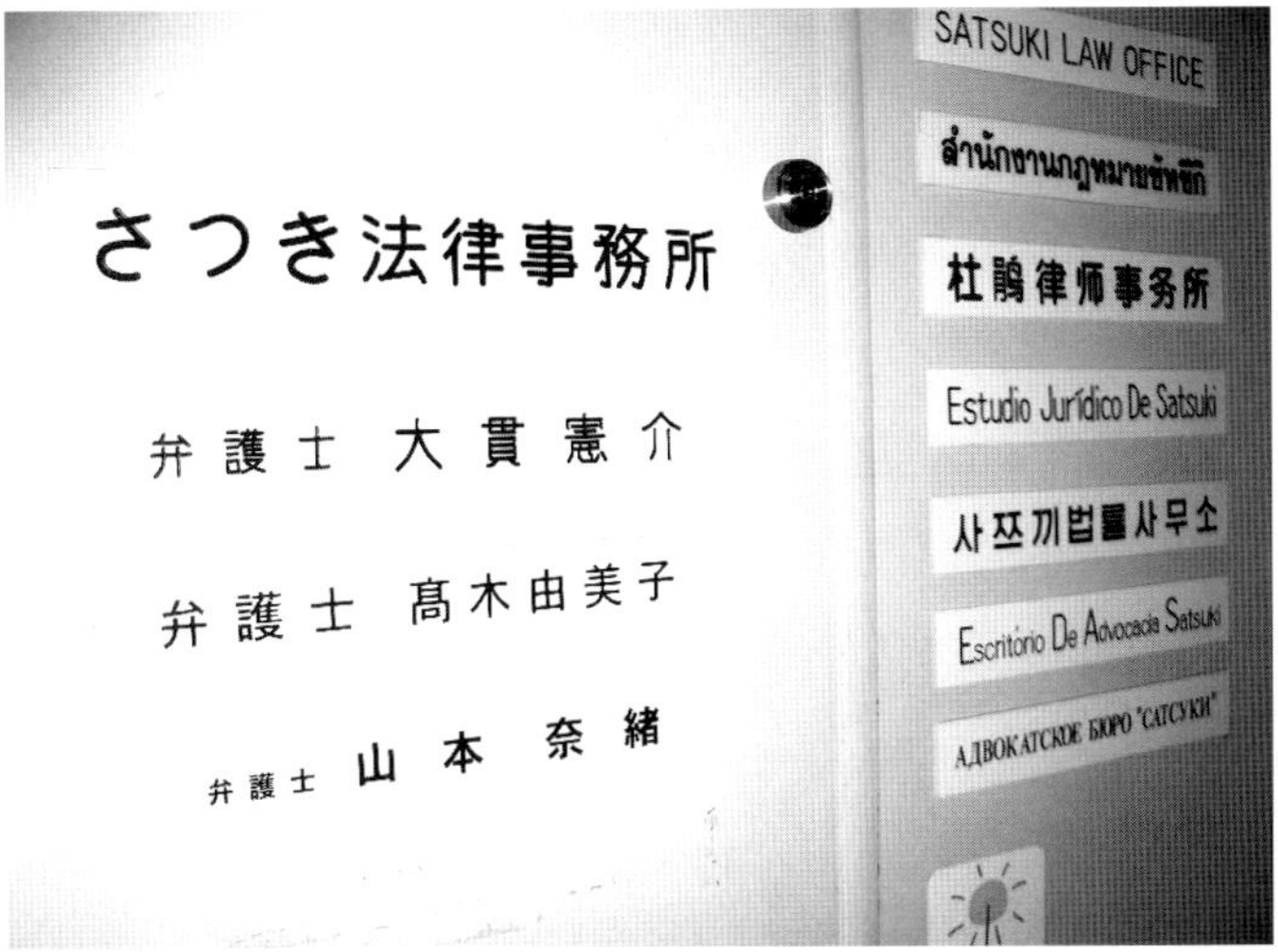

多言語で対応できるさつき法律事務所

入管問題など行政訴訟で豊富な経験と実績 日本で暮らす外国人の権利擁護に東奔西走

かつて日本の行政訴訟の勝訴率は2％程度で、刑事事件における無罪判決率の1％以下と同様に非常に低かった。行政訴訟の中でも出入国管理関連のいわゆる外国人問題に関わる行政訴訟、その中でも強制退去を巡る「退去強制令書発付処分等取消請求訴訟」は勝訴事例が皆無に近く、「開かずの門」といっても過言ではなかった。

　しかし、1990年代半ば以降、少しずつながら原

日本で暮らす外国人をがっちりサポートする３人の弁護士

告側が勝訴する判例が現われてきた。大貫弁護士は、日本で働く外国人をめぐるさまざまな紛争解決の基準作りに大きく関わってきた。

「現在は若干揺り戻しの傾向がありますが、以前に比べて外国人問題の処理について、判例を含めてかなり変化してきたことを実感しています。外国人による刑事事件の裁判でも、現在は被告人の第一言語の法廷通訳をどの裁判官もつけてくれます。また、結婚ビザは高い確率で認められるようになっています。私が弁護士活動を始めた頃と比べてかなり前進しました。こうした外国人問題の裁判で勝訴できるようになったことは、私の弁護士人生にとってとても感慨深いことです」としみじみ語る大貫弁護士である。

新しい在留管理制度が平成24年7月から導入されて、外国人登録制度が廃止され、新たに基本的な身分事項や在留資格、在留期間などが記載された顔写真付きの在留カードが交付されるなど、外国人の在留管理の手法が大きく変わった。

とりわけ就労ビザなど入管に関する手続きは、国籍によっては取得が難しいこともあり、その場合入国管理局の公表している必要書類を提出するだけでは足りない。在留資格などで許可を与えるかどうかの判断は、入国管理局の自由裁量となっており、国の労働市場のバランスによっても左右されることが多い。それだけに外国人問題に詳しい大貫弁護士の果たす役割はますます大きくなっている。

原点となった海外での生活と修習生時代の体験
自分の信じる社会正義を実現したいと弁護士へ

大貫弁護士は昭和57年に上智大学法学部を卒業し、弁護士として20年以上のキャリアを積む。八面六臂の活躍で多忙な毎日だが、外国人分野に特化した弁護士を目指した原点は中学・高校時代の海外生活と修習生時代の体験にある。

「産経新聞の社会部記者をしていた父が特派員でタイに行くことになり、中学と高校はバンコクの学校に通いました。外国で思春期を送ったせいか、とくにアジアの人々に親近感を覚えています」と当時を振り返る。

大貫弁護士の司法修習生時代である昭和62〜64年は、外国人労働者が増えた時代で刑事事件が急増していたが、外国人の事案を扱う弁護士は少なかった。そうした中で大貫弁護士はある刑事事件に遭遇する。

「司法修習で扱った刑事事件で、現在なら微罪処分で済む万引き事件で実刑判決が出たのです。当時外国人は日本人と比べてとても厳しい判決が出ていました。疑問に感じて調べていくうちに、外国人問題に取り組んでいる人たちとの交流が深まり、『誰かが専門的にやらなければいけない』と考えるようになりました」と説明する。

外国人窃盗犯の量刑について法律専門誌に投稿するなど、外国人案件について高い関心を持っていた大貫弁護士は、司法修習を終了後迷わず弁護士の道を選んだ。

フルマラソンを完走するなど体力づくりに励む大貫弁護士

「裁判官や検察官は組織として社会正義に関与していく職業ですが、弁護士は自分の信ずる社会正義を貫いていく職業だと思ったのです。社会部記者として働く父親の背中を見て育ったことも影響したと思います。外国人案件を扱うという事はそれならではの困難を伴いますが、それだけにやりがいを感じます。裁判に勝った時の達成感と、依頼者の笑顔は何ものにも代えがたい喜びです」と熱く語る。

依頼人に寄り添い、依頼人の受けた傷を癒す底辺にいる人たちを大事にする社会の構築を

弁護士法第1条1項には「弁護士は、基本的人権を擁護し、社会正義を実現することを使命とする」とある。この使命に基づいて依頼者のために法的なサービスを提供することが弁護士の基本的なスタンスだ。

大貫弁護士はそれだけにとどまらず、「社会の底辺にいる人たちが大事にされている社会こそが一番住みやすい社会」という想いを心に刻んで、日々外国人の人権擁護に尽力している。真の国際化を目指す世界の中の日本にとって、日本で生計を営む外国人との麗しい共存、協和は大前提であり、そのために大貫弁護士は粉骨砕身の努力を続ける。

司法制度改革に伴う弁護士の増加に伴って法律事務所間の競争も激しくなっている。誰もが気軽に相談しやすい法律事務所をホームページなどでアピールする事務所が増えているが、いざ相談に行くとおざなりな対応に終わる法律事務所も少なくない。

その点、さつき法律事務所は、相談に訪れる人の話を丁寧にじっくりと話を聞いてくれると評判だ。

「私が弁護士を目指していた頃の弁護士は、〝偉い人〟というイメージがある存在でした。修習生の頃の裁判所で、まるで主人が家来に言うように弁護士が依頼人を怒鳴りながら連れ歩いている光景を見て衝撃を受けました。多くの依頼者は傷ついていてどうにもならない状態で相談にこられます。依頼人が受けた傷を癒すのも弁護士の役割の一つだと思っています」と大貫弁護士はもの静かに語る。

外国人案件は、依頼人の立場や文化に合わせたきめ細やかな対応が求められる。大貫弁護士は、何より依頼人との信頼関係の確立を大切にしている。

「その人にとってどういう解決方法がベターなのか。裁判で争うにしても何とか依頼者にプラスになって、新しい生活への第一歩を踏み出す手助けができればとの想いで一杯です」

「一人でも多くの人が幸せになる」仕事を
スタッフ全員のライフワークバランスを重視

さつき法律事務所では英語、中国語、韓国・朝鮮語、タガログ語、タイ語に堪能なスタッフを揃えて、幅広い分野で外国人に対する支援活動を行っている。誠実な対応とやさしく分かりやすい説明で、勇気を奮って相談に訪れる外国人の心の支えとなっている。

また、「国際離婚専門サイト」を立ち上げ、国際離婚問題で悩む外国人たちのガイダンスとなっている。

弁護士登録以来、外国人関連の案件を多く手がけ、日本社会での外国人の権利獲得に寄与してきた大貫弁護士だが、今後の抱負をこう語る。

「一つは、これまで取り組んできた外国人案件含め、日本で暮らす一人でも多くの人が幸せになる、そういう仕事を一つでも多く積み重ねていきたいと思います。二つ目は所属弁護士を含め事務所スタッフのライフワークバランスの確保です。家族や周りの人達の幸せを犠牲にして仕事をしても本当の喜びは得られません」

7年前、末っ子が生まれた頃からライフワークバランスを特に意識するようになったという。最近ではフルマラソンを完走するなど、体力作りに余念がない。

「下の子二人は僕の作るカレーが大好きです」と目を細める大貫弁護士。その柔和な笑顔に、人種や国籍で差別されず、世界中のだれもが快適に豊かに暮らせる理想の社会の構築に向けた熱い闘志を伺わせる。

Profile

大貫 憲介（おおぬき・けんすけ）

昭和 34 年 9 月 9 日東京生まれ。昭和 57 年 3 月上智大学法学部法学科卒業。昭和 62 年 4 月司法研修所入所（41 期）。平成元年 4 月第二東京弁護士会登録。平成 4 年に独立し、さつき法律事務所を設立。

主な著書（全て共著）
『入管実務マニュアル』(現代人文社)、『国際結婚マニュアルQ＆A』（海風書房）
『コンメンタール出入国管理及び難民認定法 2012』（現代人文社）

Information

さつき法律事務所

所在地 〒 162 － 0824　東京都新宿区揚場町 2-16
第 2 東文堂ビル 3 階
TEL 03 － 5261 － 8291　FAX 03 － 5261 － 8303
http://www.satsukilaw.com/
E-mail mail@satsukilaw.com

設立 平成 4 年

アクセス ①地下鉄　飯田橋駅から南北線・有楽町線・東西線の B-1 出口より徒歩 3 分
②大江戸線 C-1 出口より徒歩 1 分
③ JR 飯田橋駅、総武線東口より徒歩 5 分

主な業務内容
- ●家事事件
  離婚·国際離婚、子ども（親権・監護権・養育費・子どもの奪取ハーグ条約）、財産分与、離婚慰謝料、婚姻費用分担、不貞慰謝料、養子縁組・離縁、婚約破棄、ＤＶ保護、戸籍訂正、遺言相続
- ●入管事件
  各種在留資格申請、在留特別許可、行政訴訟
- ●労働事件
  不当解雇、労働災害、セクハラ・パワハラ
- ●各種損害賠償
  交通事故
- ●国籍
  帰化、就籍許可、国籍取得
- ●破産・任意整理
- ●刑事事件
  起訴前、起訴後、少年、ストーカー

企業法務に特化して中小企業経営をトータルにサポート
法律、経営の両面から経営を支え、予防法務の徹底を図る

「会社の経営自体が日々法律問題と直面しているという認識を持ち、小さな芽の段階で、積極的に弁護士に相談していただきたい」

ソレイユ経営法律事務所
弁護士　板垣 謙太郎

企業経営の要素であるヒト・モノ・カネ・情報。これに加えて近年重要視されているのがコンプライアンス（法令遵守）だ。社内に法務部を設けたり、弁護士と顧問契約を結んで予防法務に力を注ぎ、法的リスクの回避に努める企業が増加している。

こうした取り組みは今のところ大企業に限られている傾向にあり、中小企業の多くは法的問題に対しての認識が薄く、弁護士に相談することはあまりない。訴訟時代の現在も中小企業経営にとってリーガルリスクへの対応はまだまだ未熟なのが現状だ。

こうした現実を踏まえ、中小企業をトータルにサポートする板垣謙太郎弁護士は、「ひとつの訴訟が発生すればその下には29のクレームがあって、さらに３００のヒヤリ・ハットが潜んでいるのです。会社の経営自体が日々法律問題と直面しているという認識を持ち、小さな芽の段階で、積極的に弁護士に相談していただきたい」と強く訴える。

早稲田大学法学部を卒業後、平成6年、司法試験に合格。弁護士登録後は4年半の法律事務所勤務を経て、10年半、同事務所でパートナー弁護士として活動してきた経歴を持つ。

弁護士になって15年。「これまで企業法務を中心に多様な案件を手掛けてきました」と、主として企業が抱える様々な問題と向き合ってきた板垣弁護士は、「経営者の方からさまざまな相談を受けますが、もう少し早い段階で相談していただければもっと簡単に問題を解決することができた、というケースが沢山ありました」と振り返る。

法律面だけでなく経営面でも企業をサポート
経営コンサルタントは野球コーチみたいなもの

こうした経験から、紛争になる前の予防法務に重点を置いた法律事務所を立ち上げようと決意して、平成24年6月にソレイユ経営法律事務所を開設した。

現在、事務所で取り扱っている案件は、企業法務、交通事故、倒産処理、離婚・相続などが多く、事業者向け、個人向けを含め幅広い分野をカバーしている。

中でも板垣弁護士が力を入れて取り組んでいるのが企業法務である。「より多くの経営者の方に、法律面だけではなく経営面からも中小企業をトータルにサポートしていきたい」と意欲満面だ。

板垣弁護士は「企業経営のフィールドにより深く突っ込んだ実のあるアドバイスを」との想いから、平成23年に中小企業診断士の資格を取得した。「今後は法律問題のアドバイスに加え、診断士の知識を生かして経営のコンサルティングにも力を入れて取り組んでいきます」と熱く語る。

経営コンサルタントとはどんな仕事なのだろうか。板垣弁護士は、「ひとことで言えば『現状分析』と『経営理論』に基づいて経営上のアドバイスをすることで、プロのスポーツ選手をサポートするコーチの役割によく似ています」と説明する。

コーチとプロスポーツ選手の技量を比較した時、選手の方が圧倒的に上なのは言うまでもないが、コーチが選手自身でも気づかない変化を客観的に指摘し、的を射たアドバイスや指導で成績を飛躍的に向上させるケースは多い。選手がコーチの言うことをよく聞き、厚い信頼を寄せるのはそのためだ。

「経営も同様で、会社を経営する上でのさまざまなスキルやマネージメント能力では私たちコンサルタントは経営者には到底かないません。しかし、経営者の見落しや思い込み、見失いつつある経営上の重要な課題や問題点を、客観的な視点からアドバイスし、気づかせてあげることは出来ます。これが経営コンサルタントの最も大きな役割だと思います」

法務、経営の両面から中小企業経営をトータルにサポートする

弁護士と中小企業診断士のダブル資格を駆使 企業経営者に予防法務の重要性を訴え続ける

弁護士と中小企業診断士という2つの資格を駆使して企業経営を法務、経営の両面からトータルにサポートする板垣弁護士は、「中小の経営者の方々に予防法務の重要性を訴えていくことは本当に大切なことです」と語る。

板垣弁護士は、「経営と法務の密接な関係を少しでも多くの経営者に伝えることができれば」と、通常の業務の傍ら経営者向けのセミナーを開催して精力的な活動を行っている。

こうしたセミナーなどを通して予防法務の重要性を訴える板垣弁護士は、「弁護士に相談するのに早いに越したことはありません」と常に声高に訴える。

「弁護士は裁判の時にお世話になる人という〝固定観念〟を取っ払っていただき、むしろ、トラブルや紛争が起きないためにこそ相談すべき専門家という認識を持っていただきたいですね」という。

「企業法務でいえば問題が発生した後ではなく、日常的に何か経営上の判断を行った段階で、その都度親しい弁護士に相談していただくことが理想です。問題発生の前であれば対処する選択肢も多く、処理に伴うコストも安く抑えることが出来ます」とメリットを強調する。

予防法務にかかる費用に比べて紛争処理にかかる費用は格段に高くつき、金銭だけでなく心身に大きなダメージを受けることになる、というのが板垣弁護士が予防法務の重要性を訴える所以だ。

「特に大企業に比べて資金的に体力のない中小企業の場合、法的紛争が原因で倒産に追い込まれるケースを幾度となく目の当たりにしてきました。それだけに、中小企業の経営者にこそ予防法務を徹底していただきたいのです」と口を酸っぱくして呼びかける。

フランス語で太陽を意味するソレイユを象徴するヒマワリの花

厚い信頼関係で結ばれるクライアントとのお付き合い
信頼に加えて、情（価値観）と理（法理論）で受任を判断

法的リスクを予防するために、弁護士と顧問契約を結ぶというのは有効な方法で、一定規模以上のほとんどの企業が実践している。「顧問とまではいかなくても何でも気軽に相談できる弁護士を身近に知っておくだけでも結構です」と板垣弁護士はいう。

日々の業務の中で、多くの相談者と相対する板垣弁護士は、依頼者との関係構築という部分で独自のこだわりをもつ。「私たちに相談に来られるお客様は、コンシューマー（消費者）、カスタマー（常連客）、クライアント（依頼人）の3種類に分けられる」というのが板垣弁護士の考えだ。

「まずコンシューマー（消費者）というのは、弁護士なら誰でもいいというお客様で、とにかく目先の問題で相談に乗ってほしいという人を指します。お腹が空いたのでとりあえずお腹を満たしたい、という感じでしょうか」

次いでカスタマー（常連客）というのは、弁護士のもつ技能や能力を考慮に入れたお客様だという。「質にこだわり、〝美味しい料理を食べたい〟というお客様で、もっと美味しそうな店が見つかれば、そちらにスイッチしてしまうお客様です」と板垣弁護士は解説する。

最後のクライアント（依頼人）というのは、相談料や力量よりも、弁護士その人の人間的魅力や人となりを見そめて仕事を依頼するお客様だという。「つまり、〝自分が気に入ったこの店で食事がしたい〟さらに〝食事はこの店でしかしない〟というお客様です。このように強い信頼関係があっ

セミナーなどで予防法務の重要性を訴える板垣弁護士

てはじめてクライアントと呼べるのです」

そして板垣弁護士が依頼者との間で築く理想的な関係がクライアントである。「そのためにはお客様と胸襟を開いたお付き合いをさせて頂き、お互いが信頼し合える豊かな人間関係を築き上げていかなければなりません」

依頼者と深い信頼関係を築いた上で、事件の依頼を受けるというのが板垣弁護士の基本的なスタンスだ。事件の依頼を受けるかどうかの判断は、両者の信頼関係に加えて「情と理」という二つの要素が考慮されるという。

「情は価値観、つまり依頼された事案に私自身が共感出来るかどうかという点です。例えば人の道を外れたような依頼であればお受けすることは出来ません」というのだ。そして「理は法律論です。法律という道具を使って依頼の目的を達成出来るかどうかということです」

問題解決には弁護士と依頼者双方の協力が不可欠
どんな些細なことでも相談して貰える存在でありたい

信頼関係を築いたクライアントの相談に共感し、それが法律を駆使して解決出来る問題であれば、板垣弁護士は自身の知識と経験を総動員し、渾身の力を振り絞って事件の解決にあたっていく。「情・理・信という3つの要素は私が事件を受けるかどうかの判断基準なのです」とキッパリ言い切る。

医師は患者から依頼があれば診療しなければならないという診療の義務がある。これに対して弁護士には、どんな依頼も受けなければならないという受任義務はない。弁護士が依頼者の訴えを受任するには、依頼者との信頼関係が不可欠なのだ。

板垣弁護士は、「訴訟で依頼者の希望に沿った結果を得るためには弁護士一人が頑張るだけでは限界があります。確かな情報や証拠を入手して裁判で活用するには、依頼者の協力が絶対に必要だからです」という。つまり、弁護士、依頼者双方が協力し合って初めて良い結果が得られるというわけだ。「したがって弁護士と依頼者との信頼関係は、私たちの仕事では非常に重要なテーマなのです」と強調する。

一方、依頼者が弁護士を選ぶ際にも同じことが言えるようだ。板垣弁護士に良い弁護士の選び方を尋ねると、「誠実に話を聞いてくれるかどうか、また情熱を持って取り組んでくれるかどうか、そして質問や要望に対する返答が早いかどうか。この辺りを判断の基準にすることをお勧めします」と答えが返る。

さらに「昔は弁護士と言えば先生商売の職業で、近寄りがたいイメージがありました。今は若い弁護士も多く、大分変わってきているように思います。依頼者と同じ目線で共に走ってくれる伴走者のような弁護士を探して欲しい」とアドバイスする。

板垣弁護士自身も、事務所の敷居を低くし、「どんな些細なことでもすぐに相談して貰えるような存在でありたい」と話す。

個々の事情に合わせたオーダーメイドの対策を提案
人生を楽しみ、ポジティブシンキングを実践

事務所開設から2年目を迎え、多くのクライアントを抱えて多忙な毎日を送る板垣弁護士だが、「さまざまな問題や悩みごとを抱えて助けを求めてくる人に寄り添い、それぞれの事情に合わせたオーダーメイドの対策を考えてお役に立つ。こうしてお客様から〝ありがとう〟と言われる時が最高にうれしいですね」と弁護士稼業の醍醐味を披歴する。

一方でメンタルコントロールが強く求められる点も、弁護士の大きな特徴だという。弁護士は紛争に関わる仕事が多いため常に心が苛まれ、弁護士自身の精神的負担は極めて大きい。

「どうすれば心の健康を得られるか、こうしたテーマに興味を持って色んな文献を読み漁りました」という板垣弁護士が、常に意識していることは、「人生は芸術なりと捉えて、常に人生を楽しむという気持ちを持つようにすること」だという。

さらに「幸せはいつも自分の心が決めるものという気持ちをもつこと。些細なことでも何かにつけて幸せを感じることが出来れば、常にポジティブな気持ちで生活することができます」と、自らの処世訓を明かす。

「今、私の何よりの癒しは家族です」と瞳を輝かせる板垣弁護士は、妻と2人の娘が待つ家では変わらぬ良きパパである。

Profile

»» 板垣 謙太郎（いたがき・けんたろう）

昭和 43 年生まれ。平成 4 年早稲田大学法学部卒業。平成 6 年司法試験合格。4 年半のアソシエイト弁護士、10 年半のパートナー弁護士を経て、平成 24 年三重県四日市市にソレイユ経営法律事務所開設。弁護士・中小企業診断士。

所属・活動

三重弁護士会、日本弁護士連合会、四日市商工会議所、社団法人中小企業診断協会など多数の団体に所属。
企業法務に関するセミナーも積極的に開催。弁護士のほか中小企業診断士、2 級ファイナンシャル・プランニング技能士、簿記 2 級、ビジネス会計 2 級などの資格を持つ。

Information

»» ソレイユ経営法律事務所

所　在　地　〒 510 － 0071　三重県四日市市西浦 1-1-7　千元ビル 3 階
TEL 059 － 350 － 2551　FAX 059 － 350 － 2552
URL　http://www.soleil-ml.jp/
E-mail　itagaki@soleil-ml.jp

設　　　立　平成 24 年 6 月

ア ク セ ス　近畿日本鉄道四日市駅
北口を出て徒歩約 5 分

業 務 時 間　9：00 ～ 17：30（月－金）
土・日・祝日は定休日

主な業務内容

●事業者向けトータルサポート
弁護士と中小企業診断士のダブル資格を活かし、法律問題にとどまらず、企業経営全般をトータルにサポート
・ 経営顧問・法律顧問・中小企業顧問

●個人向けリーガルサポート
損害賠償法分野、契約法分野、家族法分野、倒産法分野などを中心に、個人が抱える法律問題を全力でサポート
・ 交通事故問題、離婚・親子問題（協議離婚、調停・裁判離婚、親権、慰謝料、財産分与、生活費・養育費等）、遺言・相続問題

卓越した訴訟実績を誇りプロ集団を率いる
こだわりと熱意で依頼者の為に力を尽くす

「プロは結果で勝負します。決して言い訳をしてはいけません。依頼者が納得できる結果を得るため全力を尽くします」

高橋綜合法律事務所
弁護士　**高橋　達朗**

東京都港区は、虎ノ門、新橋、芝をはじめとしたオフィス街を擁する日本のビジネスの中心地の一つで、企業の本社機能が最も多く集中している地域だ。

また、青山、赤坂、六本木といったお洒落な繁華街や、麻布、白金台などの高級住宅街など様々な街の顔を持つ港区は、駐日大使館や外資系企業も数多く立地しており、外国人居住者が人口の約1割を占める国際的な街でもある。

日本の経済をけん引し、国際色豊かな港区の神谷町駅近くで、「迅速・正確・丁寧」を理念に「こだわりと熱意」をアピールし、存在感を発揮しているのが高橋綜合法律事務所だ。事務所を代表する高橋達朗弁護士は、高い専門性と組織力を誇り、損保会社をはじめリース、建設、ＩＴなど幅広い業種の大手企業から地方自治体まで多岐にわたる顧問先を持つ。

複雑化する現代社会の法律問題に組織で柔軟に対応し、事件処理の質と迅速さに定評がある高橋弁護士のもとに、今日もさまざまな法律問題に悩む依頼者が全国から訪れる。

「迅速・正確・丁寧」を理念にサービスを提供
すべてはクライアントとの信頼関係のために

高橋弁護士は慶應義塾大学法学部を卒業後、6年間の勤務弁護士の経験を積み、平成元年4月に独立。平成25年4月で開所25周年を迎えた。高橋綜合法律事務所は、創立以来「迅速であること」「正確であること」「丁寧であること」という3つの理念を掲げ、「こだわりと熱意」を持って多様化、

複雑化する法律問題の早期解決、依頼者の権利実現のために心血を注いで事案処理に取り組んでいる。

「独立した当初は弁護士の数も限られていた時代で、今思えば無謀とも思える選択でした。まだ幼い子どもをかかえて若かった私がクライアントの信頼を得るには、勤務弁護士時代から心掛けていた『迅速』『正確』『丁寧』という3点を忘れることなく、一つひとつの依頼に渾身の想いをこめて全力で取り組むしかないと考えました」と高橋弁護士は当時を振り返る。

今日では顧客が弁護士を選ぶ時代と言われているが、まだまだ弁護士が顧客を選んでいた時代に、顧客の立場に立った理念を示していた高橋弁護士の先見性はさすがだ。

「私の弁護士生活も30年を過ぎました。この間、弁護士のあり方もクライアントの意識も大きく変化しました。今、厳しい競争の中で顧客目線に立った弁護士活動が強く求められていますが、若いころからこうした視点に立って業務を徹底して取り組んできたことが、今の私の大きな財産となっています」と語る高橋弁護士。

高橋綜合法律事務所の顧問先企業には、創立当初から顧問契約を継続しているところが少なくなく、その間に業容を著しく拡大した企業もある。長きにわたって顧問先の企業の成長と共に歩んでくることができたのは、クライアントとの強固な信頼関係と、それを築き上げてきた高橋弁護士の真摯で一貫した迅速、正確、丁寧な活動の成果だといえる。

徹底した調査・立証が逆転勝訴を導く
「訴訟に強い事務所」ならではのリーガルサービス

訴訟大国として知られるアメリカに比べ、日本は人口あたりの民事訴訟件数は比較にならないぐらい少ない。他の先進諸国と比べてもドイツの5分の1、フランスの7分の1にすぎない。しかし、グローバル化が進み、社会のメカニズムがますます複雑、細分化される中で、日本でも訴訟件数が増大し国民的な関心も高まってきた。

高橋綜合法律事務所は、損害賠償事件などの訴訟・交渉に強いことが大きな特徴だ。事務所設立以来、北海道から沖縄まで日本全国で1万件を超える訴訟・交渉事案を手がけてきており、現在も数百件の訴訟事案が係属中で、事務所に所属する弁護士たちが全国を飛び回っている。

判例集などの公刊物に掲載された高橋綜合法律事務所が関わった訴訟事案は１００件を超え、1審で敗訴した事案に対して控訴審で逆転判決を勝ち取ったケースも多い。

地下鉄神谷町駅近くにそびえ立つ城山トラストタワーに事務所がある

「弁護士にとって訴訟は、まさに弁護士としての手腕が如実に問われるやりがいのある業務です。訴訟は可能な限り回避したいというのがクライアントの願いですが、残念ながら企業にしても個人にしても訴訟に巻き込まれるリスクは以前より高まっているのが現実です。社会で起きるすべての出来事で全く自分に降りかからないというものはありません」と語る高橋弁護士。

いざ訴訟となった時、大きくモノを

定例ミーティングなど日々の鍛錬を欠かさない（撮影／刑部友康）

言うのは依頼した法律事務所が長年培ってきた経験とノウハウ、弁護士の腕ということになる。

一方、訴訟を回避したい企業に対しては、これまでの実績に裏打ちされたノウハウを活かして、予防法務の観点からコンプライアンス（法令遵守）、ガバナンス（企業統治）、内部統制の基盤構築などのアドバイスを精力的に行っている。紛争を未然に防ぐ予防法務は非常に重要だが、紛争解決業務での十分な実績があるからこそ的確な予防法務をクライアントに提供できるのだ。

先行き不透明なこの時代に、依頼者が真に満足のいく結果を目指し、労力を惜しまず全力投球で一つひとつの事案にあたっている高橋綜合法律事務所ならではの、質の高いリーガルサービスの真骨頂と言える。

真に質の高い仕事へのこだわりと熱意
依頼者の「ありがとう」の言葉が弁護士の生きがい

弁護士として30年以上のキャリアを積み、八面六臂の活躍を続ける高橋弁護士だが、弁護士を目指した原点はどこ

にあったのだろうか。

「もともと法律に興味があり、小学校高学年の頃、こづかいでポケット六法を買って読む等、権利や義務、社会のルールに関心が高い子どもでした。高校2年生の時、自転車で学校からの帰り道に後ろから走ってきた自動車と接触し、幸いケガはなかったのですが、運転手に車に傷がついたと怒鳴られ、悪いのは向こうのはずなのにという疑問を持ちながらも何も言えませんでした。おりしもオイルショックの時期で、受験雑誌でもスペシャリスト指向を宣伝している時代背景の中、自分の言うべきことをきちんと言える人間にならないといけない、法律の世界でのスペシャリストになりたい、と考えるようになり弁護士を志しました」と高橋弁護士は当時を懐かしむように語る。

高橋弁護士は事務所開設当初から、「私にしかできない成果を出そう」との想いを胸に秘めて、「こだわりと熱意」を持って事案処理にあたってきた。司法制度改革で弁護士の数が増え、法律事務所間の競争が激しくなった中でも、創立以来年間の取扱事件数が右肩上がりを続けているのは、高橋弁護士が掲げるリーガルサービスの理念と法律のプロフェッショナルとしての高い志が、所属する弁護士、事務所スタッフ一人ひとりにしっかり根付いていることの証左と言える。

「プロは結果で勝負します。決して言い訳をしてはいけません。依頼者が納得できる結果を得るため全力を尽くします。依頼者からの『ありがとうございました』という言葉をいただいた時は、何物にも代えがたい喜びであり、やりがい、生きがいを実感します」と熱く語る。

依頼者のさまざまな法的ニーズをしっかりと受け止め、問題、テーマに応じて適切な解決方法を選択し、訴訟をはじめとする諸々の紛争解決手続に携わっていくのが弁護士の基本的な役割だ。

しかしそれだけにとどまらず、「真に質の高い仕事」へのこだわりを持ち、身を粉にして依頼者のために尽力している高橋弁護士の取り組み姿勢は、これからの厳しい法曹界を生き抜く法律家にとってのあるべき姿、然るべき道を指し示しているようだ。

チーム制で培われる高い専門性と総合力
早くからワーク・ライフ・バランスに取り組む

一つの法律事務所に一人の弁護士という規模が一般的には多いのだが、高橋綜合法律事務所は12人の弁護士が所属する大所帯だ。それぞれの弁護士が個性と専門性を活かしながら、依頼者に質の高いリーガルサービスを提供している。

高橋綜合法律事務所がこれまで積み上げてきた豊富な実績は事務所内でデータベース化され、ノウハウの共有化が成されている。各所属弁護士の持ち味、力量をさらにパワーアップするため事務所内ではチーム制を採用している。

忘年会で歴代の事務所員が一堂に会した

「例えば事務所内の企業法務部の中に知財、労働、リース、建設など業種や業務内容で分けたチームを置き、その分野に強い弁護士がリーダーとなって複数の弁護士の見解を元にした最善のアドバ

イスをクライアントに迅速に提示しています」と説明する。

また、大型破産案件や保全事件など、機動力が求められる事案については、「チームを越えて複数の弁護士の力を集中的に投入することによって、ベストパフォーマンスというべき結果を得ています」と高橋弁護士はその効用を強調する。

高橋綜合法律事務所では定例ミーティングのほかに、毎月一度所属弁護士すべてが出席してカンファレンスを開いている。ここでは、各弁護士が現在自分の受任している事案を報告し、その処理方針、解決策について弁護士間で自由に意見交換を行う。

これによって、弁護士相互が啓発し合いながら、知識や案件処理に向けた多彩な技量や応用力をブラッシュアップし、クライアントに総合的でよりレベルの高いアドバイスを行う事を可能にしている。

また、高橋綜合法律事務所では毎年少壮の弁護士を厳選して採用し、育成に力を注いでいる。事務所の伝統である依頼案件処理のクオリティの維持と、さらなる事務所のレベルアップに継続的な人材育成は欠くことができないからだ。

高橋綜合法律事務所では早い時期からワーク・ライフ・バランスの実現に取り組んでいる。仕事とオフのメリハリは大事であり、家庭円満はいい仕事をするための基礎だという高橋弁護士のポリシーに基づくものだ。

「法律事務所の質を決めるのはそこで働く弁護士を含めスタッフ全員の意識にかかっています。私たちの事務所には、仕事とともに家庭や人生を大切にしながら高いプロ意識をもって妥協を許さない厳しさを兼ね備えた『人財』が揃っています」と胸を張る。

依頼者のリーガルパートナーとしてたゆまぬ研鑽
依頼者が納得のいく質の高いリーガルサービス

これからの事務所運営について高橋弁護士は次のように語る。

「まず、今いる弁護士やスタッフ一人ひとりにとって仕事がしやすく、いつまでもこの事務所で働きたいと思えるような事務所を目指しています。幅広い分野にすぐれた専門性を発揮するプロ集団である綜合事務所の名に恥じない法律事務所でありたいと考えています」と高橋弁護士は力強く語る。

クライアントから、「ぜひうちの地域にも支店を！」との声もあり、高橋弁護士は事務所の法人化も視野に入れている。依頼者のニーズに応えてさらに高いレベルのリーガルサービスを提供するため、インターネットを活用した新たな事業部門の立ち上げを計画している。ＨＰの中でいろいろなトラブルや問題の解決に向けて、「迅速・正確・丁寧」に対応していこうというものだ。

高橋弁護士は、「これまでの取り組みをさらに進化させ、多様なクライアントのニーズに的確に応えて満足のいく解決に導く質の高いリーガルサービスを提供していきます」と柔和な笑顔を浮かべ、穏やかな口調ながら確かな明日への抱負を語る。

Profile

高橋 達朗（たかはし・たつろう）

昭和 31 年 12 月生まれ。昭和 54 年慶應義塾大学法学部卒業。昭和 55 年司法試験合格。司法修習を経て昭和 58 年弁護士会登録。勤務弁護士を経て平成元年 4 月独立開業。

所属・活動

第二東京弁護士会民事暴力救済センター委員、日弁連交通事故対策委員内委員、日本賠償科学会、日本交通法学会、慶応義塾保険学会、日本保険学会、損害保険判例研究会、損保弁護士協議会

昭和 59 年 4 月	慶應義塾大学法学部司法研究室嘱託講師（民法担当、～平成 2 年）
平成 3 年 4 月	第二東京弁護士会民事暴力救済センター委員
平成 4 年 6 月	日弁連交通事故対策委員会委員
平成 8 年 4 月	清和大学法学部法律学科講師（担保法･契約法実務担当、～平成 13 年）
平成 15 年 4 月	日本弁護士連合会代議員
平成 25 年 8 月	経済産業大臣より「経営革新等支援機関」として認定

Information

高橋綜合法律事務所

所　在　地　〒 105 － 6015　東京都港区虎ノ門 4 － 3 － 1
城山トラストタワー 15F
（平成 25 年 11 月に同ビル 30F へ移転）
TEL 03 － 3578 － 6888　FAX 03 － 3578 － 6665
http://www.takahashi-sogo.com

設　　立　平成元年 4 月

アクセス
- 東京メトロ日比谷線神谷町駅より地下通路を経由し、城山ガーデン方面出口から徒歩 3 分
- 東京メトロ南北線 六本木一丁目駅 2 番出口より徒歩 7 分

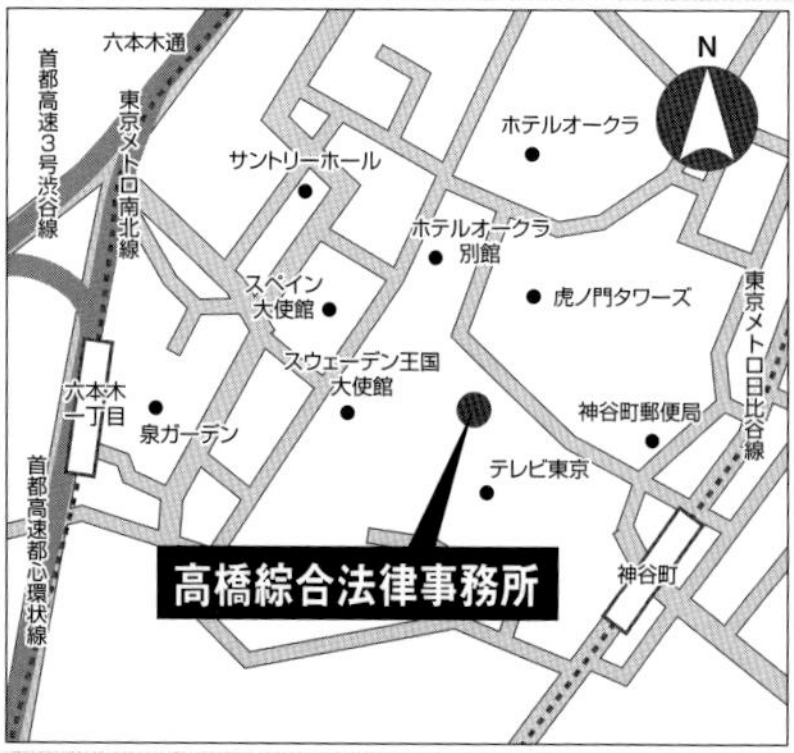

主な業務内容　企業一般法務（人事労務、企業間取引紛争、契約書作成など）・損害賠償請求事件の交渉及び訴訟（交通事故、医療過誤、損害保険全般に関する業務など）・リース取引に関する法務・知的財産権関連法務・個人一般案件（離婚、相続、遺言書、金銭貸借紛争、不動産問題など）・債権回収 / 民事執行（債権管理・回収、民事保全・執行など）・倒産法関連業務（民事再生申請、破産申立、会社清算など）・刑事事件（起訴前・起訴後弁護、少年事件、刑事告訴・告発など）

離婚問題・労働問題に特化する専門家集団

DV・モラハラを許さず迅速果敢に解決

「依頼人と同じ目線に立って一緒に問題を解決し、より良い形で再出発していただくよう全力で取り組んでいます」

弁護士法人
デイライト法律事務所
弁護士　宮﨑 晃

九州最大の都市福岡市の博多区は、ＪＲ博多駅をはじめ、博多港、福岡空港が立地する交通の要所で県庁の所在地でもある。

「中州」と呼ばれる那珂川と博多川に挟まれたこの地域は日本有数の歓楽街としても知られ、古くから港町、商業都市として栄えてきた。「博多」と呼ばれるこの地は福岡市の北西部に位置し、中央区の天神と並ぶ福岡市の中核市街地である。

歴史と伝統ある博多区のＪＲ博多駅近くで、離婚問題・労働問題を中心に依頼人の厚い信頼を得て日夜奮闘を続けるのが弁護士法人デイライト法律事務所の宮崎晃弁護士である。

とかく感情的になりがちな離婚・労働問題だが、宮崎弁護士の誠実な人柄とともに離婚、労働問題解決の豊富な実績とすぐれた力量、依頼者の要望に迅速・的確に応える声望は広くに及び、九州全域だけでなく遠く東京からも相談に訪れる。

航空自衛隊員から一転奮起して弁護士の道を歩む
依頼人と同じ目線に立つ細やかで人情味あふれる弁護士

宮崎弁護士は中央大学法学部卒業後、福岡大学法科大学院を修了して司法試験に合格。司法修習を経て福岡市内の法律事務所に入所した。弁護士を志した動機を宮崎弁護士は次のように語る。

「私は高校時代、戦闘機パイロットになりたいという夢を持っていました。高校を卒業すると航空自衛隊へ入隊し、念願のフライトコースへ進みました。しかし、訓練課程で戦闘機パイロットになるという夢は絶たれてしまいました。人生の目標を失った中で、この悔しさをバネにより大きな目標にチャレンジしようと、当時、最難関と言われていた司法試験への挑戦を思い立ったのです」

こうして念願の弁護士となった宮﨑弁護士は勤務弁護士として研鑽を積んだ後、平成23年に独立開業した。事務所名である「デイライト」の由来は、苦しく暗く不安を抱えている人々を照らす「日光（デイライト）」でありたいという想いが込められている。

法律事務所の多くは裁判所の近くに事務所を構えるが、デイライト法律事務所は遠方からでも依頼人が訪れやすいようにと、ＪＲや地下鉄の博多駅から徒歩1分という交通至便な好立地にある。

豊かな法律知識と人一倍強い正義感。そして常に依頼者のことを気に掛ける細やかで人情味あふれる宮﨑弁護士の人となりが評判を呼んで、離婚問題や労働問題を抱えて悩む依頼者が足繁く訪れる。法律相談も連日午前10時から午後9時まで行っており、土日でも緊急を要する依頼者の相談に応じている。

「依頼人と同じ目線に立って一緒に問題を解決し、より良い形で再出発していただくよう全力で取り組んでいます。お困りのことがありましたら、何でも気軽にご相談ください」と宮﨑弁護士は気さくに呼びかける。

依頼人が弁護士に依頼する際、法的知識や経験の有無は勿論のことだが、その弁護士がどのような人物なのかが一番気になる点だ。「失敗は成功のもと」というが、戦闘機パイロットになるという夢が破れた自らの挫折を糧に、日々努力と研鑽を怠らず依頼人の為に力を尽くしている宮﨑弁護士だからこそ、クライアントから高く評価され、熱い信頼が寄せられる評判の事務所を築き上げることができたのだ。

年間３００件を超える離婚相談の実績を誇る
代理交渉を重視して迅速に依頼者をサポート

デイライト法律事務所はＪＲ博多駅から徒歩１分と好立地にある

厚生労働省の推計によると、２０１２年の離婚は23万７０００件で、人口１０００人あたりの離婚率は１・８８、婚姻率は５・３となっている。離婚対婚姻で見ると、日本の１９８０年代は5組に1組が離婚していたが、現在は3組に1組が離婚するという現実が定着してきたようだ。

毎日の様に芸能人の離婚のニュースがマスメディアを賑わし、著名人の離婚にまつわる話題はつきない。

デイライト法律事務所では「離婚相談専門サイト」を作り、様々な離婚問題で悩む人々のサポートに全力を挙げている。離婚当事者だけでなく、家族や友人が問題に直面した際にも大いに参考になる。

「私たちの事務所では年間３００件以上の離婚相談を受けています。離婚問題に今最も力を注いでいます。専門分野に注力することは、プロフェッショナルな

いつも気持ちのいい対応で相談者を迎えてくれる

職業ほど必要なことだといえます。例えば鼻の調子が悪い時は耳鼻科に行き、目が悪い時は眼科に行くというように、医療の分野と同様に法律の分野でも深い専門知識が必要となり、法律事務所の専門化が進んでいます。デイライト法律事務所では幅広い分野での法律相談に応じていますが、とくに重点的に取り組んでいるのが離婚問題と労働問題です。この分野では抜きんでた解決実績を誇っています」と宮崎弁護士は胸を張る。

離婚を巡る相談では、相手方がなかなか離婚に応じてくれないケースが多い。また離婚自体には応じていても、親権や財産分与などの条件で折り合いがつかないといったケースもまた多い。感情的な衝突やわだかまりもあって、離婚調停は長期化を強いられる場合もあるが、デイライト法律事務所では協議離婚を重視して、なるべく裁判に持ち込まずスピード解決する事を基本方針にしている。

「弁護士が他の士業と大きく異なるのは、代理権がある点です。私たちは調停や訴訟で争うことはできるかぎり避けて、まず弁護士がクライアントの代理人となって、相手方と交渉する方法（代理交渉）を提案しています」という宮崎弁護士。

「これだと迅速に解決できるので、弁護士費用などの経費も調停や訴訟と比べると割安で、費用面での負担も少なくすみます。また私たちは、離婚そのものを迷っている方や、何とか夫婦関係を修復したいと希望する相談者には離婚を勧めません。縁があって一緒になったわけですから、何とかやり直せる状態であれば、それが一番だと考えているからです」と熱っぽく語る。

デイライト法律事務所では、専門カウンセラーによるアロマテラピーを取り入れたカウンセリングや、社会保険労務士とＦＰ（ファイナンシャルプランナー）の資格を併せ持つ宮崎弁護士が離婚後の生活設計のアドバイスを行うなど、単に離婚問題だけではなく、夫婦関係から生じる様々な問題をフォローしている。

未だ社会的認識が不十分なＤＶ・モラハラ問題
徹底したプライバシーの厳守と被害者保護に力を尽くす

２０１２年の内閣府調査によれば、既婚女性の３人に１人がＤＶ（ドメスティックバイオレンス）被害を経験しているという。さらに、23人に１人の女性が生命に危険を感じる程の暴力を受けていると報告されている。また、家庭や職場で嫌がらせや言葉の暴力をふるうモラハラ（モラルハラスメント）も増加しており、女性が男性に暴力を振るうケースもあるという。

「ヨーロッパなどではモラハラは犯罪と見なされていますが、日本ではまだまだモラハラについての認識が不十分です。ＤＶ被害と異なり、モラハラは目に見えない暴力で被害者が我慢してしまうケースが多いのです。しかし放っておくと次第にエスカレートして、虐待にまで進んでしまうことがあり、ＤＶとモラハラは密接に関連している問題です」と宮崎弁護士は厳しい口調で指摘する。

依頼人のために社会正義を貫く宮崎弁護士

DVやモラハラは命にかかわる危険があることから、より迅速な行動が要求される。離婚問題についての豊富な実績と解決へのノウハウを培ってきたデイライト法律事務所だからこそ、さまざまな事案にそれぞれ最適な解決法を見出し、速やかに対応する実行力を発揮することができるのだ。

「DV、モラハラは人権侵害の最たるもので卑劣な行為です。被害に遭われている人は、まず加害者と距離をおく事を強くアドバイスしています。場合によっては他の事件に優先して裁判所に対して保護命令の申し立てを行うなど、迅速な対応で被害者の方の矢面に立ち、専門知識を駆使して加害者から被害者の方を守っていかなければなりません」と宮崎弁護士は力をこめる。

近年、DV、モラハラ問題はマスメディアで多く取り上げられて、人々の周知するところとなったが、まだまだ社会にその現状が正しく伝わり、多くの人たちが正しく認識しているとは言い難い。

実際、モラハラ問題を取り扱っている法律事務所はごく少数だ。デイライト法律事務所では講演・セミナー活動を積極的に行い、同業である弁護士事務所にも講演に出向くなどDV・モラハラ問題の根絶に尽力している。

離婚問題、労働問題に特化した豊富な実績とノウハウ
労働トラブルを未然に防ぐ体制づくりに万全のサポート

　近年、学校を舞台にしたモンスターペアレントと教師たちとのトラブルが問題となっているが、企業においても労務管理を巡って経営者と従業員とのトラブルが多発している。成熟したネット社会を背景に、トラブルの当事者である従業員も法令に詳しく、会社側が思わぬ請求を受けてしまうケースもある。「私たちは労働トラブルが発生した時にだけ対処するのではなく、トラブルを未然に防止することが一番重要であるという考えに立っています。デイライト事務所には社会保険労務士の資格を持つ弁護士が在籍しており、クライアントの企業に対して就業規則や労働条件の見直しを提案するなど、予防法務の体制を構築するお手伝いをしています」

　日ごろルーチンの仕事で多忙を極める企業にとって、いかに人事、労務担当者といっても、たびたび改正される人事労務関連の法律を全てきちんとフォローすることは難しい。そこでデイライト法律事務所では、企業向けや社会保険労務士向けに労働問題セミナーを開催している。そして、最新の法律や判例、通達、指針などを踏まえて、顧問先の利益の最大化を図るためのコンサルティングを提供している。

　企業で起こるさまざまな問題は法律問題だけでなく、税務、会計、登記、知的財産権など多岐にわたり、それぞれの問題が深く交錯していることが多い。このためデイライト事務所では税理士、司法書士、土地家屋調査士など、それぞれの分野に精通する有資格者の専門家と連携し、迅速かつ適切な処理を行っている。団体交渉など労働組合対応でも、団体交渉の進め方や協議書の締結の仕方、団体交渉でどこまで資料を開示しなければならないかなどをアドバイスするとともに、必要があれば団体交渉の場に同席し企業をサポートしている。

日々の研鑽を欠かさず常に依頼人の立場に立って
問題解決への確かな道筋を照らすデイライト

デイライト法律事務所では、定期的に最新の情報を取り入れた学習会を所属弁護士全員で行うなど日々の鍛錬を欠かさない。事務所開設以来順調に顧客を獲得し業績を伸ばしてきているが、今後の展望について宮﨑弁護士は「離婚、労働問題に特化してこれまで積み上げてきたものを更に発展させていきます。いたずらに事務所を拡張するつもりもありません。この分野で日本一と言われるような事務所をめざしていきます」と目を輝かせる。

「最初不安いっぱいで来られた相談者が、問題が解決して晴れ晴れとした笑顔で帰られるのを見るにつけて、この仕事を選んで本当によかったと思います」と爽やかに語る。穏やかな語り口で常に依頼人の立場に立ち、親身になって話を聞く宮﨑弁護士の姿は、たぎる使命感を内に秘め、弁護士として社会正義を貫く静かな、しかし逞しい闘志が横溢した九州男児を彷彿とさせる。

熱き思いを胸に八面六臂の活躍を続ける宮﨑弁護士は、今日もトラブルに見舞われ、不安にかられて訪れる依頼者に、解決への確かな道筋を照らす日光（デイライト）となることだろう。

Profile

宮﨑　晃（みやざき・あきら）

昭和48年9月生まれ。福岡県出身。航空自衛隊（第86期一般幹部候補生）入隊。中央大学卒業、福岡大学法科大学院修了。司法研修所修了後弁護士登録（福岡県弁護士会）。東法律事務所を経て弁護士法人デイライト法律事務所開設。

所属・活動
福岡県弁護士会。労働法制委員会、国際委員会。福岡県社会保険労務士会。

Information

弁護士法人 デイライト法律事務所

所在地　〒812－0011　福岡市博多区博多駅前2丁目1番1号　福岡朝日ビル7階
新規ご予約専用ダイヤル
0120－783－645（ナヤミ　ムヨーヘゴー）
TEL 092－409－1068　FAX 092－409－1069
URL　http://www.daylight-law.jp/

設立　平成23年

アクセス　①ＪＲ博多駅　博多口正面（徒歩約1分）
②地下鉄博多駅　博多口徒歩約1分（当ビル地下に直通しています。）
③お車の場合　ビル裏側1階に時間貸し駐車場があります。（13台収容です。満車の場合は，近隣の駐車場をご利用下さい。）

業務時間　9：00～21：00
（予約受付9：00～20：00）

事務所方針　①最上のリーガルサービスを提供すること
②きめ細やかに対応すること
③迅速に対応すること
④料金体系を分かりやすくすること
⑤プライバシーを厳守すること
□注力分野
●個人分野：離婚事件
●法人分野：労働事件、海外進出支援

企業のグローバル化に伴うあらゆる法務に対応
迅速適切なサポート、質の高いサービス

「弁護士の仕事は状況をトータルに把握し、戦略的にベストな解決策を見出したうえで、クライアントと共に行動していくことが大切だと思います」

東京ジェイ法律事務所
弁護士　**松野　絵里子**

東京23区の中央に位置する千代田区は、日本の政治、経済を牽引する策源地ともいえるが、その中心部に当たる東京メトロ有楽町線の麹町駅近くの高層ビル「紀尾井町ビル」に、松野絵里子弁護士の事務所、東京ジェイ法律事務所はある。

グローバリゼーションのうねりのなかで、大企業だけではなく中小企業の間でも海外進出や海外企業との代理店や提携というような取引はなくてはならないものとなり、最近ではアジア企業の日本進出も目立つ。そのような背景から、海外企業との取引に伴うリーガルアドバイスは年々需要が増えている。

こうした時代背景を受けて、長島・大野・常松法律事務所という最大手渉外事務所での10年以上の勤務経験と語学力を活かして、利用しやすい報酬体系で国際法務サービスを広く提供したいという熱い想いで精力的に活躍しているのが松野弁護士である。また、同弁護士の場合、個人的興味から家事事件にも真剣に取り組んでいるため国際的家事事件も取り扱っているというのが特徴である。

リーズナブルな費用で質の高いリーガルサービスを提供する松野弁護士のもとには、ビジネスをグローバル展開したい企業や、海外との取引をはじめたい、どうせならそういうときに相談できる顧問弁護士を探しているということから門をたたく企業、国際離婚、国際相続といった相談を持ち込む個人クライアントが多い。

世界水準の国際法務サービスをリーズナブルに提供
新たなグローバル時代のビジネスを力強くサポート

松野弁護士は東京大学法学部を卒業後、米国の投資銀行（証券会社）に勤務。その後弁護士を志して平成12年に弁護士登録した。10年以上の大手事務所での勤務経験を積んでから、平成22年6月に独立し東京ジェイ法律事務所を開設した。出身元の渉外事務所の所在するビルと同じビルに現在の事務所はある。

事務所名の由来は、日本の中の首都東京と、世界の中の日本（ジャパン）をイメージしている。外国人に覚えてもらいやすい名称を意識したそうである。

松野弁護士は、「日本の国内の企業活動においても環境変化があり、国際的な企業間取引が増加するとともに、企業間の関係が長期的信頼関係による取引よりも合理的判断に基づく契約に裏打ちされた取引が増加する傾向にあります」と分析する。

そして今、弁護士に強く求められているのは、「先々のリスクをコントロールして契約関係書類をきちんと整備すること、トラブルが発生した場合に迅速かつ適切に対処できる能力を高めること、つまりこれが「予防法務」で従来からのコーポレートロイヤーの仕事ですが、それだけでなく成長戦略を契約にも盛り込む戦略的な姿勢も大事です。ビジネスを一緒に考える弁護士です」と語る。

また、家事事件に関する個人の問題については、「地域社会の共同体が崩壊した今の日本では、家族や家庭の問題が深刻化して社会問題化しています。共同体があれば何となくそこで解決できた問題も解決ができなくなり、個人で向き合うべき問題が深刻になってきています。ただ、そこには限界があるので『家族の問題』については家庭裁判所が後見的にあるいは調整機関として機能する役割が期待され弁護士がそこでも当事者の代弁者として機能することが期待されています。しかし、実際には司法的にはそういったニーズに応え切れていないと思います」と指摘する。

鳥瞰的にはいわゆる〝訴訟社会〟に向かっているという傾向はあるわけだが、「これまでの弁護士は数も少なく競争もあまりなく温室でした。自らの存在意義を考える必要がなかった。また、司法の役割を国民が考えることもあまりありませんでした。でもこれからは、国民のニーズにどう応えるのかが、法律家の大きな課題になるでしょう。弁護士は当事者に有償のサポートを提供し、司法機関は国家機関としての重要な機能を提供するわけですが、いずれもその役割の有り方は国の経済の有り方と同じく個人の人生にも関わる大問題です。法的サポートが質量ともによりシビアに要求されていく時代になると思います」と松野弁護士は語る。

中身をしっかり吟味したうえで契約書を取り交わす
豊富な実務経験を活かして国際ビジネスをサポート

千代田区麹町にそびえ立つ紀尾井町ビルにある
東京ジェイ法律事務所

最近、日本政府の方針で対日投資活動を積極的に支援する動きがあり、各種政府系の団体や地方公共団体も独自色を活かした誘致活動をしている。こういった支援を背景に外資系企業の日本進出は一層拍車がかかるだろうが、スタート当初の外資系企業は規模が小さく、法務専門スタッフを置く余裕がないケースが多い。

本国の法務部がサポートする場合もあるが、ほとんどが日本の法律やビジネス慣行に暗く、このため雇われた日本側のスタッフが苦労をする場面が多く見受けられる。

こうした場合、日本の法律やビジネス慣行を適切かつ迅速に英語で本国側に説明できる弁護士の存在が不可欠になってくる。

松野弁護士は、最大手渉外事務所での勤務経験を生かして、日本に進出している外資系企業のサポート業務にも注力している。

「日本の中小企業は、契約書を弁護士がチェックしないですましてしまうことがよく見受けられます。しかし、欧米の企業ではそれはありえないことであり、契約書のチェックは弁護士（社内弁護士も含む）に依頼することが慣習となっています。日本でも最近になって、企業間の取引を巡る紛争の増加、新規の顧客との取引の増加、商標のような知的財産権紛争の可能性、労働審判による被用者との潜在的紛争があるため顧問弁護士による契約書のチェックが浸透してきました」と松野弁護士は説明する。

クライアントに対して質の高い迅速なサポートを心がけている

外資系企業の法務担当者は、何か問題が起きた場合は法的論点も含めて本国に報告する。各国で法体系が大きく異なり対処方法も異なるため、報告を受けた本国の法務部も状況を正確に把握できず、後に問題が大きくなることも少なくない。

こうしたミスコミュニケーションのトラブルを防ぐため、東京ジェイ法律事務所では企業の本社への報告業務のサポートも行い、適宜、電話会議などによって状況のアップデートや、本社からの直接の英語での問い合わせにも対

応できる。国内最大手事務所でキャリアを積んだ松野弁護士ならではの質の高いサービスと言える。

効率的な海外進出、海外ビジネスをサポート リスクを未然に防ぐ契約締結で企業を守る

海外に販路や資材、仕入れルート、生産拠点を求めてグローバル展開を進める企業は急増している。中国をはじめ、インド、インドネシア、ベトナム、マレーシアなどアジア地域で顕著だが、米国や欧州、オセアニアなどへの進出も盛んだ。ライセンス付与や何らかの業務提携も多い。

グローバル化を推進する場合、契約書の作成には論点が多い。契約の解釈にどの国の法律を適用するのか（準拠法をどうするのか）、契約言語はどうするかなど国内取引では問題にすらならないことがいきなり課題となって浮上する。

しかも日本法と外国法は法体系が異なるため、国内取引では見かけない多数の表明保証条項や細かい規定をさだめる傾向があり、契約というもののとらえ方から法律用語も異なるので、国内取引と同じ感覚で対応するとトラブルになりかねない。

また、契約を締結する場合の社内検討でも、契約の逐語的な翻訳を用意しても内容を吟味した上でその検討に踏み込むことができない。相手が出してきた契約書案をよくわからず丸呑みするようなプラクティスをしているケースも多いという。

いくら時間的に制約があって、取引の関係上相手先と対等な立場にない場合でも、相手が提示した契約書のどこが有利でどこが不利なのか、またどういったリスクがあるのか、といった事柄をきちんと認識しておく必要はもちろんある。

法教育活動にも取り組んでいる松野弁護士（民事模擬裁判での原告役）

「英文契約書（英語契約）の場合、経験のある弁護士の補助があれば、契約書締結前（タームシートなどの作成の段階）において深く理解して不利な条件を調整することができます。内容を理解しないまま契約書にサインすると後で思いもかけないしっぺ返しを受けることがありますが、ちょっとした工夫でそれを回避もできます。新しいビジネスはチャンスを得て利益をもたらしますが、同時に大きな損失をもたらす可能性のあるのが締結した契約書なのです。海外に進出したり、海外の会社と取引する場合、契約条項こそが言語も文化も異なる相手との共通のルールだと思ってよいと思います。ですから、国内の取引の何倍も契約内容の吟味が欠かせないのです。また、当事務所ではリーゾナブルに翻訳とレビューをしていますから費用対効果もあります」と松野弁護士は力説する。

法教育の実施推進などのプロボノ活動に積極参加 次代を担う子ども達に初等教育から必要な法教育

松野弁護士は法廷や契約のチェックといった通常の弁護士業務と並行してプロボノ活動に積極的に取り組

んでいる。プロボノというのは、ラテン語の「Pro bono」「Publico」が語源で、学識経験者が専門知識を生かして公益の為に行うボランティアの意味。具体的には弁護士が、委員会活動といった公益活動や、ロースクール等で実務教育の実践をしたりする活動などである。

平成23年度から小学校の教科書が新しい学習指導要領に沿って改訂されたのを皮切りに、小・中・高等学校において「法教育」が重視されることになった。松野弁護士は東京弁護士会の法教育センター運営委員会に所属して、小学校から高校での法教育の実施の活動に取り組んでいる。

「私たちは学校で法律のことを習ってきませんでした。しかし、弁護士になって実務において多くの人と接しているうちに法教育の必要性を強く感じるようになりました」という松野弁護士。

最近、国際離婚を含めた離婚問題をめぐる争いが増えているが、松野弁護士は「家事事件では家庭裁判所の枠組みとか訴訟のルールを説明するのですが、理解いただくのが大変で、そもそも法とは何か、権利とは何かということを日本人全体がわかっていないということを実感しました。小さい頃からの法教育の必要性を感じます」としみじみ語る。

昨今、学校でのモンスターペアレントが話題を呼んでいるのがよい例で、権利と義務のモラルハザードが進んでいるとしか思えない日本社会だが、一方で裁判員制度の開始や弁護士の増加で個人の紛争を司法で解決しようという意識は高まっている。その意味では、法は私たちの暮らしの中に身近なものとなってきた。

「今こそ、将来社会を担う子どもたちにしっかりと法教育を行うことが必要です」と強調してやまない松野弁護士だ。

クライアントの立場に立ち、共に最適な解決の道へ
冷静さと温かさを内に秘めたスペシャリスト

松野弁護士は、大事務所で企業の上場（ＩＰＯ）やファンド組成など多彩なプロジェクトを手掛けるとともに、国内外の多種多様な契約書問題に携わってきた豊富な経験を活かしてクライアントが抱えるさまざまなビジネス上のトラブルや問題を解決に導いている。弁護士という職業について松野弁護士はこう語る。

「弁護士の仕事はクライアントに求められたことを法的な形に落とし込むだけではありません。状況をトータルに把握し、戦略的にベストな解決策を見出したうえで共に行動していくことが大切だと思います。また、労使紛争や家事事件の場合、どうしてもクライアントの感情的な面のサポートも必要なので、理性的に見ながらも温かいマインドは必要です。それでいてやはり冷静さは失わないようにしています」

海外でビジネスを行う日本企業だけでなく、日本でビジネスを展開する外資系企業も松野弁護士のターゲットだ。

「弁護士は報酬をいただくのですから、それに見合った効果があるという実感を多くの方に体験していただきたいと思っています」

快活に語る松野弁護士のもとに、熾烈な国際競争場裡にある企業人、ビジネスパーソンがそれぞれの問題解決を求めて足を運ぶ。

Profile

松野 絵里子（まつの・えりこ）

平成４年東京大学法学部卒業後、モルガン・スタンレー証券入社。平成12年に弁護士登録し、長島･大野･常松法律事務所入所。平成22年６月東京ジェイ法律事務所を自ら設立。

所属・活動

東京弁護士会、東京弁護士会法教育センター運営委員会委員、国際私法学会会員、アジア国際法学会会員、証券・金融証券あっせんセンター（ＦＩＮＭＡＣ）あっせん委員

Information

東京ジェイ法律事務所

所　在　地　〒102－0094　東京都千代田区紀尾井町３－12
紀尾井町ビル８階
TEL 03－6380－9593　FAX 03－6757－8793
URL http://ben5.jp/

設　　　立　平成22年６月

アクセス　●東京メトロ有楽町線 麹町駅下車（②番出口）徒歩３分。同半蔵門線 半蔵門駅（②番出口）徒歩７分。同南北線 永田町駅下車（⑨番出口）徒歩７分。同丸ノ内線・銀座線 赤坂見附駅下車（Ｄ出口）徒歩10分。ＪＲ四ツ谷駅下車（①番出口）徒歩12分。

主な業務内容　●一般企業法務・紛争、家事事件一般（離婚・相続、国際家事事件）、海外取引全般、不動産取引、知的財産権問題等

Interview SAMURAI業

企業サポート・相続に特化して多くの経営者から厚い信頼を集める
弁護士の枠にとらわれない独自のリーガルサービスを展開

「紛争になる前の予防法務や、法律を経営戦略に取り入れる戦略法務の相談も法律事務所の大切な仕事です」

なにわ法律事務所
弁護士　**大西　隆司**

紛争の予防と解決を主な仕事とする弁護士だが、その業務範囲は多岐にわたる。個人に関することでは離婚や相続、交通事故、借金問題などがあり、企業に関する事案では債権回収、倒産、契約、知的財産、労務問題などが挙げられる。

こうした様々な問題を解決に導く弁護士は今、国内に3万人余りを数えるが、司法制度改革に伴う弁護士の増加で、リーガルサービスの質の向上を巡る競争が激しくなってきた。このため、専門分野に特化したり、地域密着活動に力を入れるなど、それぞれに特色をアピールしたサービスを打ち出す弁護士事務所が増えてきた。

一方、依頼する側は自分が抱えている問題や、置かれている状況に合った最適と思われる弁護士を選ぶ目が求められるようになっている。弁護士事務所ならどこでもという訳にはいかないのが現状だ。

なにわ法律事務所を営む大西隆司弁護士は、企業サポートと相続に特化して弁護士の枠にとらわれない独自のリーガルサービスを提供し、関西の多くの企業から厚い信頼を寄せられている。

勤務弁護士時代に企業法務の実務経験を積む
会社経営は常に法的リスクと隣り合わせにある

「大企業では、どこの会社でも設置されるようになった法務部ですが、中小企業で社内に法務部を設けている会社は非常に稀です。会社経営は常に法的リスクと背中合わせにある、ということを中小企業の経営者の皆さんが認識を新たにしていただきたいと思います」と話す大西弁護士。

大学在学中に法曹の道を志し、平成16年に司法試験に合格。司法修習を経て弁護士登録後、大阪の弁護士法人で勤務弁護士として経験を積む。

「私が勤務していた弁護士事務所のクライアントはほとんどが企業でした。ここで企業法務の実務、ノウハウを学ぶことができました」という大西弁護士は、契約書のチェックや民事再生、M&Aなど企業法務ならではの事案の処理を経験し、勤務弁護士としてキャリアを形成してきた。

5年以上の弁護士事務所勤務で、企業法務に関する知識と実務経験を積み上げ、平成24年2月に独立してなにわ法律事務所を開設した。

「事務所開設当初からご紹介などをいただいて、幅広く仕事をさせて頂いています」と上々の滑り出しだ。なにわ法律事務所は北区天神橋、〝好きやねん大阪ビル〟というユニークな名前のビルの4階にある。地下鉄天神橋筋6丁目から徒歩で4分という交通至便の立地環境だ。

得意分野は企業法務。問題が起きる前に相談してほしい
法的対応だけでなく、経営にプラスになるアドバイスを

独立から2年目を迎える大西弁護士の手掛ける案件の中心は企業関係だという。契約書の作成・チェックや不動産、労務管理・労働トラブル、債権回収など企業が直面する法務問題にきめ細かく対応している。

「何かトラブルが起こった時はもちろんですが、起こる前に相談して頂くことが理想です」と大西弁護士はトラブルの未然防止の重要性を強調する。

企業の経営者には、「日々の会社経営に法的な戦略、つまり法務戦略を取り入れることによって、将来予想されるトラブルを予防することができますし、仮にトラブルに見舞われても事前に手を打って有利に解決することができます」とアドバイスする。

ラジオを通じて弁護士の仕事やサービスを啓蒙している

さらに大西弁護士はトラブルや紛争に伴うリスク対策などの法律的な側面だけでなく、常に〝企業経営にプラスとなるアドバイス〟の実践を心がけている。

「法律的な面からだけで文切型の解釈や判断を下すのではなく、その会社のビジネスに合った形で問題解決の方策を探り、経営的な側面からもプラスとなるようにアドバイスすることが重要だと考えます」

大西弁護士が指摘するように、契約書を作る際も、単に法的にリスクがある条項のチェックにとどまらず、その会社の取引実態を把握したうえで、商品特性に応じた受発注の仕方、納品の仕方、代金の支払時期、請求方法などを提案して、その会社独自の契約書を作成する。

「こうした提案は非常に喜んでいただいています。現状の取引契約書などで、どうもしっくりこないと感じておられる経営者の方は、一度わたしの契約書診断を受けてみてはいかがでしょうか」と呼びかける。

相続事業部を設置して相続問題をトータルにサポート
外部の専門家と連携して相続の円満解決を図る

なにわ法律事務所には「相続事業部」というセクションがある。大西弁護士が中心となって、外部の公認会計士、税理士、司法書士、社会保険労務士、不動産鑑定士と連携し、それぞれの専門分野を生かして相続問題をトータルにサポートしようというものだ。

「遺言書作成などの生前対策から、亡くなった後の具体的な相続手続き、紛争対応や財産管理までのすべてをワンストップで手掛けています」と説明する。

「相続と一言で言っても、自身が亡くなった後のこまごましたことや、法律的なこと、税務的なことなど、やるべきことや決めておくべきことが沢山あります。ネットで調べるにしても情報が氾濫し、どこから手を付けていいのか、誰に相談していいのかもわからないという方が多くいると思います」

こうした背景から、相続に関する全ての問題を窓口一つでトータルにサポートする体制を整えようと立ち上げたのが相続事業部だ。

「各専門家との密接な連携プレーが相続事業部最大の強みです。事案ごとに最適な専門家に業務を割り振り、相続の円満解決を目指します」

毎週土曜日の午前中に、予約制で相続に関する情報提供会を開催している。

このほか、ファイナンシャルプランナーや不動産事業者、旅行会社、葬儀社など外部の専門家とタイアップして、高齢者のためのケア住宅や介護付きマンション、農地の利・活用、バリアフリーの旅行などを始めとした老後の有意義な送り方や、円満な終局を迎えるための生活設計、エンディングプランなどの相談にも対応している。

経営者が抱える同様の問題として「事業承継」がある。「長く会社を経営していると必ず直面するのが事業承継の問題です。高齢などを理由に会社の代表を退く決心をして、次の後継者に座を譲る際の引き継ぎは、実際には非常に難しいことなのです」と大西弁護士。

各分野の専門家との連携が特徴の「なにわ相続事業部」

代替わりで譲る側の経営者は、自分の親しい親族に継がせたいと思いながらも、〝後継者が育っていない〟とか、〝ふさわしい後継者が見つからない〟といった理由で悩んでいる人も多い。

一方引き継ぐ側も、〝経営者としてやりきる自信がない〟〝親父の後を漠然と継ぐのではなく自分のやりたい仕事に就きたい〟〝事業が悪化しているから会社に魅力を感じない〟などの理由で中々承継がすんなりと行かない場合がある。

事務所は「好きやねん大阪ビル」というユニークな名前のビルの４階にある

新会社方式の新規事業で後継者に経営者実務を経験 〝サクセスバトンプロジェクト〟で事業承継を支援

こうした事業承継の問題で大西弁護士は、新会社設立方式を提唱して話題を集めている

これは本体の会社の一部門を新しく別会社として設立し、新会社の代表取締役に後継候補者を据え、数年間経営者として経験を積むしくみだ。新会社では創業支援の融資制度などを利用して、新規取引先の確保や従来とは違った取引形体などを推し進めて、後継の経営者が新規事業を成功させるための環境づくりを行う。

「新規事業に成功したら、その実績を基に、社長の後継者が本体の会社の承継をしていきます。万一失敗に終われば、新会社を清算し、本体の会社についてM＆Aなどの親族外の承継を検討するということになります」

〝新会社設立方式〟によって、後継者が経営者としての自覚と経営に必要な能力を養えるとともに、会社の事業のブラッシュアップにつなげるという2つのメリットを得ることができる。

大西弁護士は新会社設立方式を含めた事業承継を進めるために、「サクセスバトンプロジェクト」というプロジェクトチームを立ち上げ、支援活動を行っている。

チームメンバーは大西弁護士を始め、公的支援機関の経験のある中小企業診断士、税理士、企業法務に精通する司法書士、社労士などが揃う。さらに創業支援の融資制度を持つ日本政策金融公庫とも協力関係にある。

プロジェクトではまず、日本政策金融公庫の提供する企業の無料診断サービスを利用して企業の経営状況を把握し、その企業に合った承継の具体的な方法を提案していく

「長い歴史を持つ会社では、他社にない独自のノウハウや長所が必ずあります。これを大切に保持しつつ、時代に応じて柔軟に変化させる所はさせるといった対応を考えなければいけません。会社の引き継ぎを考えている経営者は是非一度お越しください」と呼びかける。

企業法務に特化した事務所としてスタートしたなにわ法律事務所は、「相続事業部」や「サクセスバトンプロジェクト」などの斬新な企画を打ち出し、他の法律事務所にはない独自のサービスを提供して中小企業経営をしっかりサポートしている。

ラジオのパーソナリティーで開かれた弁護士事務所をアピール
魅力あるサービスで付加価値が実感できる事務所に

大西弁護士は「こうした活動をもっと多くの経営者に知って貰いたい」と、毎週水曜日にエフエ

ムキタ（78・9ＭＨＺ）で〝なにわトーキンググルーヴ〟というラジオ番組のメインパーソナリティを務めている。

「一般の方々に士業の仕事やサービスを知ってもらうと同時に、弁護士事務所が持つ堅苦しいイメージを払しょく出来ればと思っています」

大西弁護士は自身を気さくでとっつきやすいタイプの人間だという。「法律事務所に相談に行くといえば、何か問題を抱えて困っている―というようにネガティブなイメージを持つ人が多い。しかし、問題がこじれて紛争になる前の予防法務や、法律を経営戦略に取り入れる戦略法務の相談も法律事務所の大切な仕事です。訪問するのが楽しみになるような弁護士事務所が私の理想です」とアピールする。

一方、相談者に対しては常に冷静で客観的な判断を心掛けているという。「常に依頼者の味方ですが、依頼者の要望なら何でも無批判に聞き入れるということではありません。一つひとつの法律問題をシビアに判断し、裁判官がどのように裁定するかの見通しを実直に伝えるようにしています」とキッパリ語る。

時には依頼人の意に添えない報告事項もあるが、「その場合こそ率直に状況を伝えることが大事です。しっかり説明した上で、自分の考え方や進め方に共感して頂いて初めて仕事を引き受けさせていただきます」と自身のスタンスを明かす。

法律という国のルールと、弁護士として培ってきた自身の経験や知識を信じ、誰にもとらわれない姿勢で弁護士道を邁進する大西弁護士。「今後も法律問題の解決を土台に、魅力あるサービスを揃えて、付加価値を感じて貰える事務所体制を整えていきたい」と真っ直ぐに前を見据える。

Profile

大西 隆司（おおにし・たかし）

昭和51年7月23日生まれ。奈良県出身。平成12年同志社大学法学部卒業。平成16年司法試験合格。平成18年弁護士登録。事務所勤務を経て平成24年2月なにわ法律事務所開設。

所属・活動

大阪産業創造館「あきない・えーど」経営サポーター。滋賀県商工会連合会「エキスパート」登録。大阪弁護士会所属。大阪弁護士会遺言相続センター登録弁護士。大阪弁護士会高齢者・障害者支援センター「ひまわり」支援弁護士。
著書（共著）多数。企業法務や相続をテーマとしたセミナーも定期的に開催。

Information

なにわ法律事務所

所　在　地　〒531－0041　大阪市北区天神橋7－15－5
好きやねん大阪ビル4階
TEL 06－6940－4969　FAX 06－6940－4986
事務所URL　http://naniwa-law.com/
相続事業部URL　http://naniwa-souzoku.com/
E-mail　info@naniwa-law.com

設　　立　平成24年2月

アクセス　●地下鉄　堺筋線・谷町線
天神橋筋6丁目駅
6号出口を出て北に徒歩4分

業務時間　9：30～18：15（月－金）

主な得意分野
- ●契約書作成、契約書診断、会社法務一般、法律顧問業務
- ●M&A、企業再生、労働事件（使用者側）
- ●遺言・相続・財産管理（相続事業部で対応）
- ●不動産問題、債権回収、倒産手続
- ●サクセスバトンプロジェクト（事業承継）
専門家チームが承継にあたっての当該会社の課題や対応策を盛り込んで事業承継の具体的方法を提案
専門家会議と報告までを10万円（消費税別）で対応。方針が決まった後の対応については別途個別契約

Interview SAMURAI業

債権回収と事業再生に特化した企業法務のスペシャリスト
法律と経営の両面から中小企業を的確にサポート

「単に法律知識だけではなく、経営の専門知識を身に付けて、実務面を含めた経営全般にわたる企業経営をサポートしていきたい」

西村隆志法律事務所
弁護士　**西村 隆志**

リーマンショック以降の景気低迷を受けて２００９年に施行された中小企業金融円滑化法は、利息の減免や返済期限の延長などで、資金繰りに苦しむ中小企業の経営に大きな支えとなってきた。この法律は２０１３年3月に終了し、アベノミクスでいくぶん先行きに明るさが見え始めてきたとはいえ、依然厳しい経営環境の中で生き残りをかける中小企業は、より一層の自助努力が求められる事態となった。

こうした中、西村隆志法律事務所を営む西村隆志弁護士は、とくに債権回収、事業再生を中心とした企業法務で法律・経営の両面から企業の経営活動を力強くサポートしている。

「債権回収にしても事業再生にしても早めに手を打つことが大切です。対応が早ければ早いほど回収や再生が成功する可能性は高くなります」とどのような問題に対してもスピーディーな対応を徹底して心がける西村弁護士は現在34歳。

同志社大学法科大学院を修了後、平成18年に司法試験に合格。法律事務所勤務で研鑽を積み、平成23年に独立。大阪市北区西天満に今の西村隆志法律事務所を立ち上げた。事務所は地下鉄淀屋橋駅から歩いて5分ほどの、御堂筋に面したレトロな建物が一際目につく堂島ビルヂングの5階にある。

常におもてなしの精神で依頼者に対応
土日祝日や平日夜間、出張相談にも応じる

「お客様がリラックスして相談に来て頂けるような雰囲気にしたかった」という西村弁護士。所内

広々と解放感のあるミーティングルーム

の広々としたミーティングルームは解放感にあふれ、窓際にはアロマや観葉植物を設置してリラックスした空間を演出する。こうしたもてなしの精神は、西村弁護士をはじめスタッフの応対にも表れている。

「ザ・リッツカールトンホテルが顧客サービスの心得を記したクレド（信条）に『お客様が言葉にされない願望やニーズをも先読みしてお応えするサービスの心』という言葉があります。これを事務所全体の信条として、お客様が何を求めて相談に来られるのかを的確に把握するように努めています」

このため西村弁護士は、「お客さまの話を聞く際は常に神経を研ぎ澄ませ、真剣に耳を傾け、より丁寧な対応を心がけています」という。通常の業務時間外の対応も特徴の一つで、土日や祝日、夜間や出向いての出張相談にも対応している。

「平日の昼間というのは誰もが仕事を抱えていて、相談したくても中々事務所に足を運ぶことができない場合が多い。事前に連絡していただければ夜間、休日を問わずお客様の都合に合わせて柔軟に対応しています」と顧客本位のリーガルサービスをアピールする。

西村隆志法律事務所で取り扱っている案件は多岐にわたる。個人の場合は債務整理、離婚、遺言・

相続、交通事故などが多く、企業案件では債権回収、人事労務、不動産、企業倒産、知的財産、顧問契約、契約書作成などが中心だ。

中でも西村弁護士が得意としている分野が企業法務における債権回収と企業倒産に関する案件だ。

債権回収は状況をしっかり把握して迅速に処理
契約の証拠、相手の財産、回収の可能性の3つがポイント

「これまで債権回収の停滞が原因で倒産する中小企業を多く目の当たりにしてきました。それだけに、この問題にとくに力を入れて取り組んでいこうと考えました」と語る。

一口に債権回収のトラブルといっても様々なケースがある。中でも多いのが売掛金の回収に関するトラブルだという。

売掛金とは債権の一種で、工場で作った製品や仕入れた商品を販売するなど、サービスを提供した対価として受け取るべきお金を指す。

「売掛金というのは、後日売上代金を支払うという企業と企業の間の信用取引の一つの形です。しかし取引先企業の業績が悪化したり、様々な理由で売掛金の回収がうまくいかなくて相談に来られる人が続出しています」という。

この場合、西村弁護士は、最善の手立てを考えて回収の実現を目指す。まず相談に来た人の状況にじっくり耳を傾け、「どの程度緊急性を要するものかどうかを判断します」という。

「場合によってはすぐに動かなければなりません。ケースに応じてスピーディーに対応策を考え、実行に移すことが重要です」

西村弁護士はまた、「売掛金の回収で抑えるべきポイントは、契約書面などの証拠があるかどうか」だという。「取引がスムーズに進んでいれば問題ありませんが、トラブルが起こった時には契約内容が書面で残っているかどうかが非常に重要になります。売掛金をめぐるトラブルになった際、書面が回収の担保になるからです。すべての取引においてきちんと契約書を交わすことを徹底してほしい」と訴える。

そして売掛金の回収に当たる場合、相手にどれだけの資産が残されているのか、それは容易に回収できるのか、どうすれば回収が可能なのか、「つまり、契約の証拠、相手の財産、回収の可能性の3つのポイントを把握して対策を練ります」と西村弁護士は指摘する。

さまざまな業種で異なる債権回収のノウハウを熟知
債権回収のトラブルは専門家に早めの相談を

債権の回収にはさまざまな方法があるが、西村弁護士の説明によると内容証明郵便を送付して督促したり、相手の財産を仮差押えした上で訴状に持ち込むというパターンが一般的なようだ

「仮差押えというのは、裁判で判決が出ていなくても相手の財産を仮に差し押さえることです。これによって裁判中に相手が財産を第三者に売却して処分したり、他の債権者が差し押さえて財産が

奪われるのを防ぐことが出来ます」

こう説明する西村弁護士だが、最近勝訴の判決を得ても相手に財産がないため、判決通りに相手からお金を回収することができないケースも多いという。

「その意味で仮差押えというのは、こうした事態を避ける意味で非常に有効な手段と言えます」

さらに西村弁護士は「業種ごとに債権回収のノウハウがある」と話す。

「それぞれの業界の商慣習や特殊な慣行、専門知識をよく認識した上で対応することは重要なことです」と指摘する。

感覚を研ぎ澄ませ真摯で丁寧な対応を心がける西村弁護士

例えば一般の商取引で、メーカーから商社に製品を売り、商社がその製品（商品）をユーザーに販売する。ただし商品はメーカーからユーザーに直送するということはよくあることだ。

「こうした場合に、メーカーがユーザーに商品を直送して納品したにも関わらず、メーカーが商社から売掛金を回収できないというトラブルで相談にこられるケースがよくあります」という。

西村弁護士は、「この場合、商社がユーザーに販売した商品の代金を、メーカーが差し押さえできるかどうか、またどういう方法で差し押さえることができるかを検討します。メーカーが商社の販売代金を差し押さえることができれば、最も効率的でスピーディーな解決法といえます」と分かりやすく説明する。

契約書などの証拠や回収のタイミングなど、ある程度の材料や状況が整っていれば債権を一気に回収できる効果的な手段を打つことも可能だと西村弁護士は言う。「いずれにしてもトラブルを解決するためには、素早く判断して動くことが大切です。スピードが要求される債権回収には、早めに専門家に相談するのにこしたことはありません」と熱心に呼びかける。

破産を極力避けて事業再生の道を模索する
経営知識を身につけ、より深く企業経営をサポート

債権回収と並んで西村弁護士が力を注いでいるのが企業の事業再生だ。売り上げが低下して会社の業績が振るわず、赤字が増大して資金繰りが悪化する。経営はさらに苦しくなって累損が拡大し、会社経営の存続が困難になれば倒産や破産を意識せざるを得ない。

西村弁護士は「こうした事態に陥っても事業を継続させる方法があります」という。その方法というのがリスケジュールや会社分割、民事再生などだ。

「出来るだけ破産を避けて状況に即した会社存続のための提案をしていきます。場合によっては債権額の90％以上をカットして再スタートを切ることも可能です」という。

極力破産を回避して、事業を継続させる方向に持っていこうというのが西村弁護士の基本的なスタンスだ。

「残念ながら破産の道しか残されていないケースの相談もありますが、破産するにしても段取りや手続きが必要なので、直前ではなく早めにご相談ください」と繰り返し早期の相談を勧める。

事務所開設以来、様々な問題に直面する関西の中小企業経営を支えてきた西村弁護士は、「単に法律知識だけではなく、経営の専門知識を身に付けて、実務面を含めた経営全般にわたる企業経営をサポートしていきたい」と弁護士業務の傍らＭＢＡ（経営学修士）の取得に向けて猛勉強に励んでいる。

「弁護士である私が経営の実務に明るくなれば、企業経営に一歩踏み込んでより的確なアドバイスを行うことができます」と意欲満面だ。

企業経営のサポートに並々ならぬ情熱を注ぐ西村弁護士だが、これまで培った知識と経験を活かして中小企業の経営コンサルティングにも力を入れている。

事務所は淀屋橋から歩いて約５分程の場所にある

今年４月に経営革新等支援機関に登録 多角的な視点から企業経営をトータルに支える

西村弁護士は本年4月に経営革新等支援機関の登録を行い、中小企業に対する専門的な経営指導、コンサルティング活動を展開している。経営革新等支援機関というのは、中小企業金融円滑化法に代わる制度として昨年8月に創設された制度だ。

中小企業に対して専門性の高い支援を行うことが出来ると認められた団体が、支援機関としての活動を行うことができる。法律事務所だけではなく、税理士事務所や金融機関、コンサルティング会社などが認定を受けているという。現在全国に1万余りの支援機関登録がなされている。

「中小企業の経営者は、認定登録機関となっている事務所から経営上のアドバイスを受け、これに基づいた経営を実践することで国から補助金を受けることができます。まだまだ経営環境は厳しい状況が続きますが、中小企業経営者が専門家のアドバイスを受けて経営の見直しを図りながら、資金的な援助も受けられる制度です。できるだけ多くの中小企業に活用して欲しいと思います」と西村弁護士は熱く語る。

「この制度は補助金を貰って終わりではなく、専門家のアドバイスによって策定した経営計画プランをしっかりと実行することが重要な点です」と解説する。

「景気回復の予兆は確かに感じられますが、現実に私の事務所に寄せられる相談は債権回収や破産・倒産に関わる案件が多くを占めています。今私たちに何ができるのかを考え、そして今私たちができることをきちんとアピールして、関西の中小企業経営をしっかりとサポートし、中小企業の再生に力を尽くしていきたい」と目を輝かせる。

Profile

西村 隆志（にしむら・たかし）

昭和53年12月生まれ。山口県出身。同志社大学法学部政治学科卒業。北海道大学大学院法学研究科修士課程修了。同志社大学大学院司法研究科（法科大学院）修了。平成18年司法試験合格。司法修習を経て同19年弁護士登録。同20年同志社大学大学院司法研究科アカデミックアドバイザー就任。同23年昇陽法律事務所開設。同25年西村隆志法律事務所に改組。大阪弁護士会所属。

Information

西村隆志法律事務所

所在地　〒530－0047　大阪市北区西天満2－6－8
堂島ビルヂング501号室
TEL 06－6367－5454　FAX 06－6367－5455
URL　http://www.nishimuralaw.jp
E-mail　info@nishimuralaw.jp

アクセス
- 京阪中之島線 大江橋駅 徒歩約3分
- 地下鉄御堂筋線・京阪 淀屋橋駅　徒歩約5分
- JR北新地駅 徒歩約10分
- JR大阪駅・阪急・阪神・地下鉄梅田駅 徒歩約15分

受付時間　平日9時～18時
（土日祝日　夜間・出張相談にも対応）

業務内容　遺言・相続、労働事件、債権保全・債権回収、消費者問題、近隣トラブル、
金銭貸借・保証、サラ金・多重債務、交通事故、医療事故、離婚、高齢者・障害者問題、不動産売買、不動産賃貸借、刑事事件、少年事件、会社法一般（株主総会・代表訴訟など）、事業承継・M&A・企業再編、法人（会社）倒産問題、税務・会計、知的財産権、ＩＴ関連紛争

Interview SAMURAI業

人事労務と相続・事業承継に強いコンサルタント型弁護士
全国の多数の企業・経営者のブレーンをつとめる

「従来の弁護士の概念を超えるコンサル型法律事務所です。得意分野である人事労務、相続・事業承継を武器に、全国の企業・企業経営者のブレーンとして飛び回る毎日です」

野口&パートナーズ法律事務所

弁護士　野口　大

弁護士　大浦　綾子

最近、専門特化、地域密着などそれぞれの持ち味や特色を強くアピールする弁護士事務所が増えている。ホームページや新聞、テレビなどのメディアで広く情報発信しており、多くの人が弁護士という存在を身近なものに感じるようになった。

一般の人が容易く弁護士情報を得ることができ、自分に合う弁護士、抱えている問題の解決に最適と思われる弁護士を依頼する側が選ぶ時代がやってきた。

激しい競争の時代を迎えた弁護士業界の中で、野口&パートナーズ法律事務所を共同経営する野口大弁護士、大浦綾子弁護士は多くの企業や企業経営者のクライアントを獲得して多忙な日々を送っている。

企業案件を中心とした活動を行う両弁護士の顧問先は、上場企業から中小企業まで幅広い。業種も食品・銀行・学校法人・医療機関・介護施設・不動産・運送・派遣・飲食・ＩＴ等、実に多岐にわたる。経営者から相続や事業承継の相談を受けることも多いという。

「経営者の方の多くは、トラブルが起こった時の処理、問題を解決するのが弁護士の仕事とお考えのようですが、それでは遅い。我々は、数多くの紛争処理を通じて、企業経営のどういう場面でどういう紛争が多いのか、どのようにすればそれが予防できるのか、といった無数のノウハウを持っている。我々と密に連絡をとれる体制を構築し、弁護士を紛争予防コンサルタントとして活用して、紛争自体を予防するのが最も望ましい姿なのです」

紛争予防の重要性を訴える野口弁護士は現在45歳。京都大学法学部在学中に司法試験に合格、平成5年に弁護士キャリアをスタートさせた。事務所勤務で人事労務案件を中心とした実務経験を積む一方、米ニューヨーク州コーネル大学ロースクールに入学。労働法と人事労務管理理論などの専門知識を習得し、企業経営における人事労務分野のエキスパートとしての素地を築き上げてきた。

会社側の人事労務案件は長年の経験が重要な分野
紛争予防のための専門のコンサルティング会社も併設

長年手掛けてきた人事労務について野口弁護士は「人事労務案件は単なる法律知識だけでなく、労働組合幹部との人脈や従業員の気持ちを理解する能力、人事労務管理に関する専門知識、さらに人間的な泥臭い交渉力が求められます。10年20年という長い弁護士経験が大きくものをいう分野です」と野口弁護士は人事労務の難しさを強調する。専ら会社側の立場から20年以上人事労務案件を手掛けている野口弁護士は次のように語る。「一口に人事労務案件と言っても相談内容は実に様々です。労働組合問題やメンタルヘルス、労基署調査、各種の労働審判・労働裁判など多岐にわたります」

野口弁護士の実績は講演や著作等を通じて全国的に有名であり、人事労務に強い会社側の弁護士を求める企業が遠方から足を運ぶ。大阪・東京だけでなく、九州や四国等の地方の顧問先も増加してきているので、最近ではスカイプ等テレビ会議を利用した相談にも対応しているという。

「会社を経営する上で、従業員や取引先との摩擦やトラブルの種は尽きないでしょう。こうしたトラブルが表面化する前に対策を打っておくことが大切です」とアドバイスする。

野口弁護士は「紛争予防に力を尽くしたい」という強い想いから、法律事務所と併設して東京と大阪に野口&パートナーズ・コンサルティング株式会社を立ち上げた。法律事務所を営みながら専門のコンサルティング会社を経営する手法は全国的にも珍しく、企業の経営者や同業の弁護士から大いに注目されている。「民間の企業コンサルティング会社はたくさんありますが、法律やトラブル予防のノウハウに詳しいとは言い難いです。また一般に弁護士は紛争案件には熱心ですが、紛争予防についての意識は低く、そのノウハウも少ない。私たちの強みは、企業コンサルティングと企業法務の双方をクライアントに提供できる点にあります」と野口弁護士はアピールする。

打ち合わせをする野口弁護士（左）と大浦弁護士（中央）

法律的アドバイスを超えて企業の求めるソリューションを提案
通常の法律事務所の概念を超えたコンサルタント型法律事務所

野口&パートナーズ法律事務所には、問題社員（ローパフォーマー）やメンタルヘルス社員に関する相談や、債権回収、就業規則・賃金規定、各種契約書の作成やチェックといった依頼が多く寄せられるという。野口弁護士は「クライアントは合法か違法か、勝つか負けるかの回答のみを求めているのではない。法律的な回答を行うのはもちろんですが、それを超えて、では企業としてはどのようにすればいいのか、そのためにはまず何から手をつければよいのか、企業のカルチャー・経営者の考え方に応じて具体的ソリューションを提案し、場合によってはそれを弁護士自らが実行していくことが大切です」という。

例えば問題社員の対応では、単に解雇できるか否かといった回答に留まらず、現状を詳しくヒアリングして今後の方針を確認し、就業規則の整備などを行う。また一方で、社員評価の方法や社員との面談方法までを具体的にアドバイスする。場合によっては問題社員に直接接触して退職勧奨などの交渉を行うこともあるという。

「具体的に何時、どこで、誰が問題社員と面談し、どのようなやりとりをしてどのような記録を残すかなど、スケジュール管理を徹底して手取り足取りの指導を行っています」という。その他の相談に対しても基本的には、徹底したヒアリングから今後の方針を確認していくといった流れで問題解決にあたる。

ビルの 12 階にある事務所は開放的な空間が広がる

「クライアントに対してベストなソリューション（解決策）を提供するためには、何でも自分で処理をするのではなく専門家の力を借りることも重要です」と話す野口弁護士は併設するコンサルティング会社を通じて、各分野の専門家との連携サービスを提供している。

「メンタルヘルス事案の場合は精神科医、外国人雇用の問題なら入管専門の行政書士、資金繰りの相談なら元銀行員のコンサルタントといった具合に、事案ごとにそれぞれのスペシャリストとネットワークを組んで対応しています」と野口弁護士は説明する。

独創的な法律事務所設立に参画した大浦綾子パートナー弁護士
緻密さとソフトな語り口で、女性経営者を中心にファン層を拡大

独創的なサポート体制で企業の紛争予防、問題の処理に当たっている野口弁護士が、全幅の信頼を寄せているパートナーが大浦綾子弁護士だ。京都大学法学部在学中に司法試験に合格し、平成16年に弁護士登録。事務所勤務で研鑽を積む傍ら、米ボストン大学ロースクールへ留学。外資系企業の企業内弁護士を務めるなどのキャリアを積んできた。「これまでの経験から企業担当者が何を求めているかを考慮に入れたアドバイスを出来るのが自分の強みです」と大浦弁護士が語るとおり、企業勤務経験を生かした現実的な提案力が彼女の最大の強みだ。緻密さとソフトな語り口で、女性経営者を中心に今、ファン層が拡大している。

人事労務や企業法務に絶対の自信を見せる大浦弁護士は現在、全国規模の大きな訴訟を担当して各地を飛び回っている。「規模が大きいばかりでなく、先例のない法律問題も山積していて、調査や検討に頭を悩ますことが多いです。同時にその分大いにやり甲斐を感じています。最善の解決を目指して粘り強く取り組んでいきます」と大浦弁護士は目を輝かせる。

野口&パートナーズ法律事務所は、野口弁護士と大浦弁護士のほかに３人の事務スタッフがいて、総勢５人。場所は大阪市北区のオフィス街である西天満や北浜、南森町から歩いて５分程の好立地にある大阪ＪＡビルの12階にある。

「事務所からは大阪市内が一望でき、開放的な空間が広がっています」

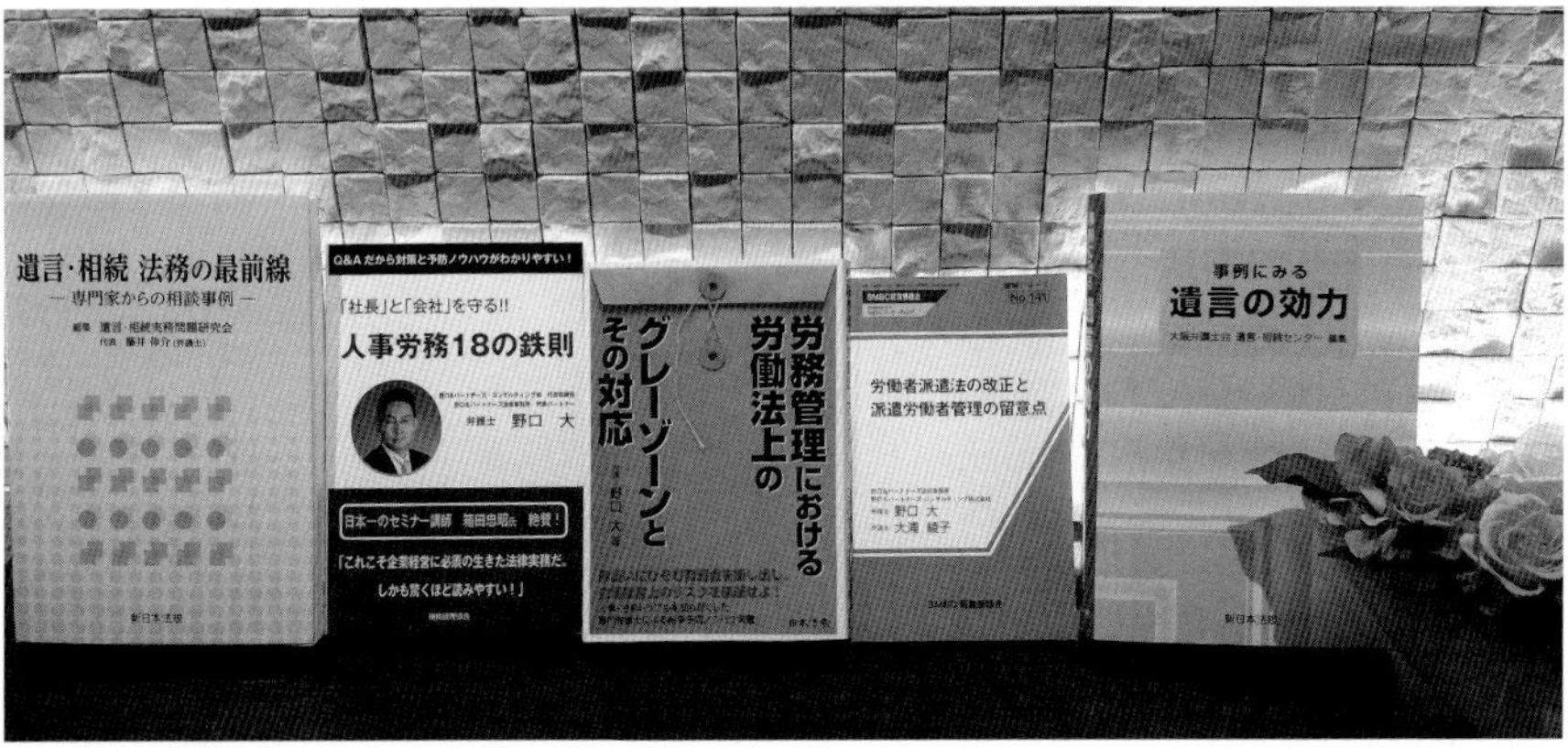

野口、大浦両弁護士はこれまで多くの書籍を出版している

全国各地でセミナー、講演活動を精力的に行う
遺言・相続・事業承継にも力を入れている

野口弁護士、大浦弁護士ともに日々の業務をこなす一方で、全国各地からの依頼を受けてセミナーや講演活動を精力的に行っている。

両弁護士は、日本監査役協会、各地の経営者協会、各地の商工会議所、都市銀行系シンクタンク、各地の社会保険労務士会等からの依頼で、1年間に概ね50回程度のセミナーや講演活動を行っている。1年先までスケジュールが埋まっている超人気セミナー講師でもあり、セミナー講師に関する書籍において『弁護士の中で人気NO.1』として紹介されたこともある。テーマは「下請法対策」、「債権回収」、「残業トラブル対策」、「コンプライアンス」、「メンタルヘルス対策」、「ローパフォーマー・問題社員の対応」など企業経営に関するものが多い。

「私たちの話を通して企業の経営者、担当者の方が新たな気づきを得て、企業に良い影響を及ぼす一助になれば」と話す野口弁護士。こうした企業向けのセミナー、講演活動に加えて、税理士や公認会計士などの専門家向け研修の講師として話をする機会も多いという野口弁護士は、「ここでのテーマは相続・遺言や事業承継が多い」という。そして遺言・相続や事業承継は、「企業経営者からの相談も多く、非常に力を入れている分野だ」とも。

「高齢化社会が進むにつれて遺言・相続の相談は増加傾向にあります。この分野は書籍や情報も多く、多くの弁護士や各種の〝専門家〟が取り扱う分野なのですが、法律的には非常に奥が深く、高い専門性が要求されます。間違っていることが書いてある書籍も多いので、注意が必要です」

こう話す野口弁護士は大阪で著名な「遺言・相続実務研究会」の創設メンバーであり、遺言・相続の法律論やノウハウの研究に熱心に取り組んでいる。

「この研究会はメンバー弁護士それぞれが持っている遺言・相続に関するノウハウを開示し合い、法的知識と実践力を充実させてより満足度の高いリーガルサービスを、クライアントに提供することを目的としています」と説明する。

メンバーは野口弁護士をはじめ、家庭裁判所の実務に長けた元裁判官など遺言・相続の専門家計11人で構成している。メンバー同士定期的に集まって、情報交換や事例の検証などでお互いを高めあい、専門的な書物も複数出版している。他の弁護士や司法書士からの相談も多く寄せられるという。研究会の創設から今年7年目を迎えるが「遺言・相続分野について高度なノウハウを持つチームとして、遺言・相続実務研究会の認知度をもっと高めていきたい」と野口弁護士は熱く語る。

一方、事業承継に関して、現在野口弁護士は事業承継研究会に所属し、情報と専門知識の吸収に励むなど自己の研鑽に余念がない。「事業の承継は長く企業を経営していれば必ず直面する問題です。承継には株の譲渡や事業の引き継ぎなどやるべきことがたくさんあり、一筋縄ではいくものではあり

ません。早い段階から準備をして、スムーズな事業承継を実現して欲しい」と呼びかける。

トラブルが発生する前に、紛争予防のブレーンとして活用すべき 最強の紛争予防コンサルタントとして企業と企業経営者を守る

これまでトラブルの予防の大切さを切実に訴えてきた野口、大浦両弁護士だが、「どんな問題でも早めに相談してほしい」と繰り返す。ではどんな時、どんなタイミングで弁護士を頼ったらいいのか。

「例えば『うつ病で休みがちな社員がいるが、どんなことに注意して対応すればいいのか』『世間ではサービス残業のトラブルが多いが、一度就業規則などをチェックしてほしい』『料金を滞納している顧客に対して、回収する場合の注意点は何か』といったような事柄です。とにかくイレギュラーなことが発生すれば、躊躇なくメールや電話で相談に来てほしい」と野口弁護士は語る。

法律事務所ではトラブルの処理や紛争の対応を行い、併設のコンサルタント会社でトラブルや紛争の予防措置を通じて企業をトータルにサポートしていく。

「私たちはこれまでの弁護士や法律事務所の概念を超えるコンサル型の法律事務所です。クライアントとの人間関係を重視して、最強の紛争予防コンサルタントとして、がんばる日本の経営者を守っていきたい」と野口弁護士は力を込める。

Profile

野口　大（のぐち・だい）

昭和43年生まれ。大阪府出身。平成2年司法試験合格。平成3年京都大学法学部卒業。大阪弁護士会所属。平成14年ニューヨーク州コーネル大学ロースクール卒業。同15年ニューヨーク州弁護士登録・帰国。同19年ＦＭ802監査役就任。

主な著書

『「社長」と「会社」を守る！！人事労務18の鉄則』（税務経理協会）、『労務管理における労働法上のグレーゾーンとその対応』（日本法令）、『事例にみる遺言の効力』（共著、新日本法規出版）、『現代労務管理要覧』（共著、新日本法規）、『出向・転籍の法律と会計・税務』（共著、清文社）など。

大浦 綾子（おおうら・あやこ）

昭和54年生まれ。愛知県出身。平成14年司法試験合格。平成15年京都大学法学部卒業。大阪弁護士会所属。同22年米国ボストン大学ロースクール卒業・帰国。同23年ニューヨーク州弁護士登録。

主な著書

『労働者派遣法の改正と派遣労働者管理の留意点』（ＳＭＢＣコンサルティング、実務シリーズ）

Information

野口＆パートナーズ法律事務所

所在地
〒530－0047　大阪市北区西天満1－2－5　大阪JAビル12階
TEL 06－6316－1600　FAX 06－6316－1601
URL　http://www.noguchi-p.jp/

アクセス
京阪中之島線なにわ橋駅から徒歩1分
地下鉄堺筋線北浜駅から徒歩3分

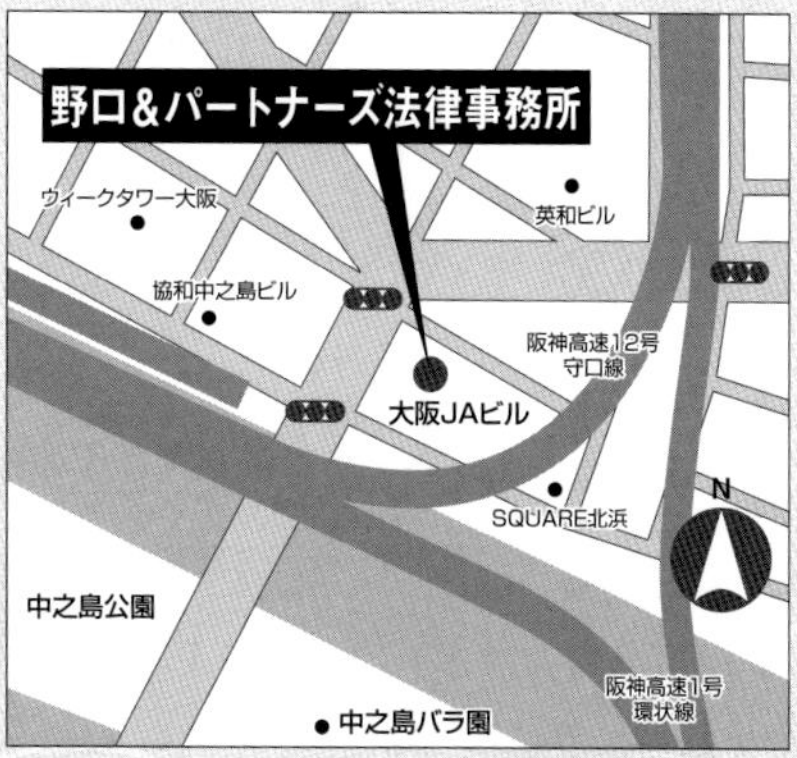

主な業務内容
債権回収、各種契約書作成・契約書チェック、人事労務、営業秘密等不正競争防止法、コンプライアンス、破産・民事再生等、事業承継、相続・遺言、その他民事一般

野口＆パートナーズ・コンサルティング株式会社

所在地

東京事務所
〒135－0063　東京都江東区有明3－7－26
有明フロンティアビルＢ棟9階
TEL 03－5530－8217　FAX 03－5530－8219

大阪事務所
〒530－0047　大阪市北区西天満1－2－5
大阪JAビル12階
TEL 06－6316－1600　FAX 06－6316－1601

これからの日本を切り開く「新しい法社会」の再構築に取り組む

幅広い事件を扱い、ソフトローを活用し、社会改革に邁進する熱血の弁護士

「私は“お上意識”の強い旧態依然とした旧システムを払拭し、現代社会にふさわしい新しい法システムの構築が必要だと考えています」

弁護士法人 フェアネス法律事務所

弁護士　遠藤 直哉

平成23年3月11日の東日本大震災で、津波が迫るなかで最後まで住民に避難を呼びかけて亡くなった女性に「特殊公務災害」が認められない。また、双子や三つ子など多胎児を妊娠し、出産が迫った母子の安全のため減胎手術を行った医師に不当なバッシングが行なわれる。

このように、最近国民感情や現場の実情と大きく乖離した行政と法を巡るトラブルが多くみられる。私たち国民にとって法律や判例はただ守ればいいというものではなく、今日の多様化する社会に対応できる「時代の状況に即した法律」を作り、育てていくことが急務の課題といえる。

こうした中で、昭和56年の法律事務所開設以来、日本の法システムの在り方を少しでも国民にとって身近なものにするため、幅広い視野と長期的な展望に立って力を尽くしてきたのが、弁護士法人フェアネス法律事務所の遠藤直哉弁護士である。

バブル期に暴力団が無法を尽くしていた地上げ（明渡訴訟請求）を訴訟のレールにのせ、建築の技術紛争を現在まで多く手がけてきた一方、不況に苦しむ中小企業を助けるために奔走し、不妊患者を救済する根津八紘医師や大谷徹郎医師を支えるなど、それぞれの現場から数々の著書や論文を発表してきた。世界の最先端の法理論を研究し実践してきた遠藤弁護士のもとに、遅れた法システムの犠牲者となって様々なトラブルを抱えた依頼者が足繁く相談に訪れる。

遠藤弁護士は昭和43年に東京大学法学部を卒業し司法試験に合格した。同時期に共に弁護士を志して勉学に励んだ仲間に、自民党の谷垣禎一法務大臣や民主党の仙谷由人元官房長官などがいる。

医療と介護の事故処理から、病院再生まであらゆる医療分野の専門家
会社や寺院など幅広い団体紛争に取り組む弁護士

遠藤弁護士は患者の依頼で、胃の内視鏡検査の最中に呼吸停止し意識が完全に戻らなくなった事件、赤ちゃんを取り出す時に1時間以上クリステレル（お腹を押すこと）をして、帝王切開が遅れ赤ちゃんが脳性麻痺となった2つの難事件を苦労の末に完全勝訴的な和解に導いた。

以前から医師側からの相談は多く、患者の様々な質問・クレームによりストレスを抱える医師達をサポートしている。たとえば、高名な脳外科医の代りに患者や裁判所に難解な手術の内容を分かりやすく説明し誤解を解くことなどだ。

病院や介護施設からはお年寄りの骨折が急増しており、若手弁護士を指導しながら共に事件処理にあたっている。このような実務経験と、日本医療評価機構事故センターの委員としての知見も加えて、事故防止と事故対応のセミナーの講師も務めている。

「法科大学院では『医療と法』という最も難しいといわれる専門講義を数年担当し、やさしくわかりやすいと好評でした」

近年は病院関係者の相談も増加しており、病院の民事再生、M&A（買収、事業承継）を地域医療に役立つやりがいのある仕事として取り組んでいる。遠藤弁護士は過去の不況時の困難な事件処理を応用し、今では、病院再生のプロを自負している。

「医療過誤訴訟と同じような技術紛争といえるソフトウェアや建築の紛争にも、積極的に取り組ん

できました。弁護士はこのような手間のかかるややこしい裁判を受けるのを控えるのが一般的です。米国の証券法を学び、株主代表訴訟の先駆けとなった『日本サンライズ事件』の原告代理人で勝訴した経験から、株主代表訴訟だけでなく、株主や投資者の直接請求訴訟にも取り組んでいます」と遠藤弁護士。

さらに、墓地開発をめぐり、寺院、門徒、石材店などが入りみだれて争うようなややこしい訴訟を数年も抱えて、すっかり宗教法人法の権威になったと笑って語る。何事にもがむしゃらに取り組む姿勢が根っからの弁護士らしい。

日本で初めてアスベスト訴訟の研究成果を発表 法科大学院設立を実現し、いま法学部廃止と隣接士業の統合を主張

若い頃に、刑事事件では救援連絡センターや人権１１０番などで、逮捕された人々の弁護に奔走し、民事事件では六価クロム禍訴訟の大弁護団の一員として労働者の被害を訴えて勝訴に導くなど、弁護士として39年におよぶ豊富なキャリアを積む遠藤弁護士は、司法の改革に取り組む想いをこう語る。

「ワシントン大学のロースクールに留学していた昭和57年当時、アメリカではアスベスト訴訟が全米最大の大量訴訟となっていて、他にも逆セクハラで後に映画にもなった事件など、今の日本を先取りする裁判が行われていました。全面的な証拠開示をテコにして、訴訟の爆発といわれるほどアメリカ社会の急展開する訴訟の実態を目の当たりにして、日本も民事訴訟を始めとした訴訟改革に

時代に即した新しい「法システムの4段階ピラミッドモデル」を提唱
新たな法社会再構築に向けた「ソフトロー」と「分割責任論」

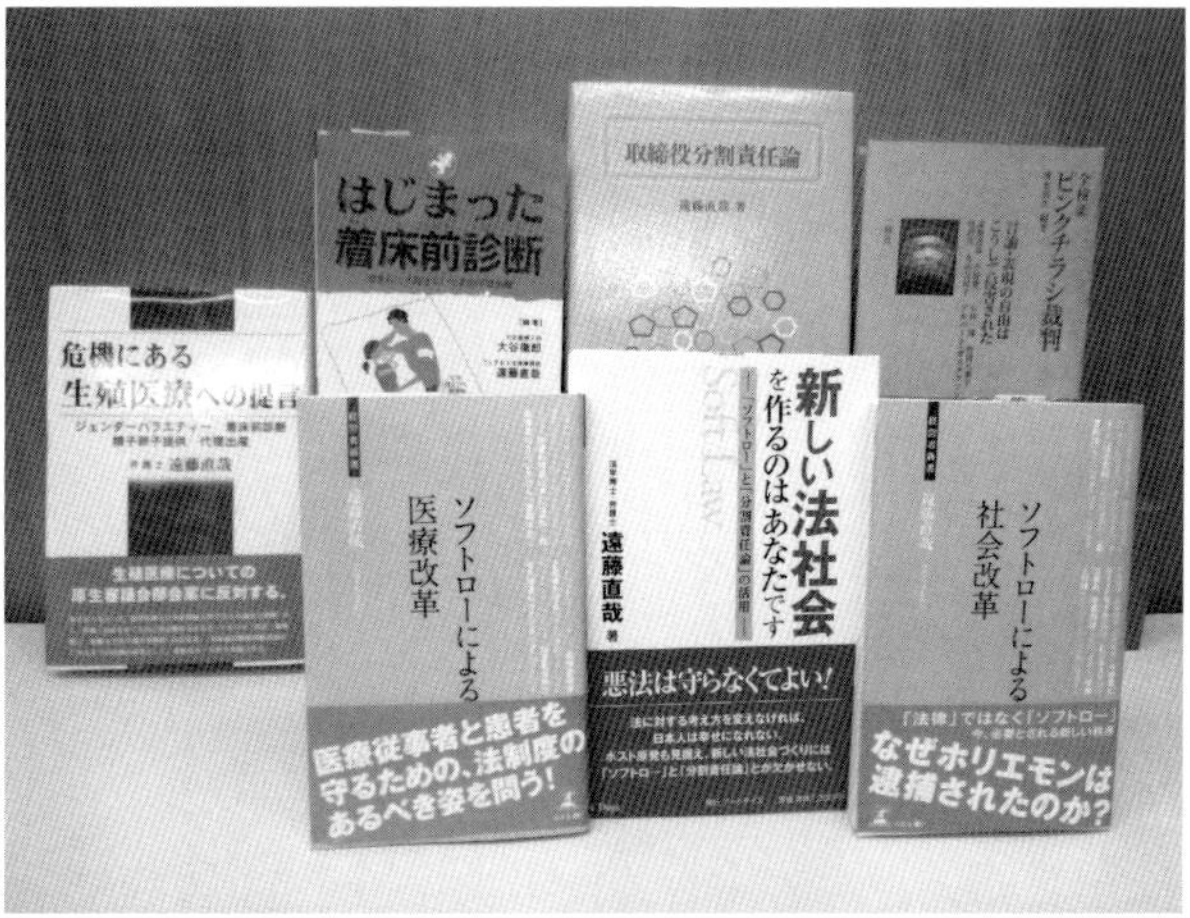

遠藤弁護士は多くの書籍を著している

取り組まなければとその必要性を痛感したのです」

帰国後遠藤弁護士は、アメリカで急展開していたアスベスト訴訟の研究成果をまとめた修士論文を日本で初めて発表したのを皮切りに、日弁連が取り組んでいた司法改革運動の中で法科大学院設立に中心的な役割を果たした。

「わずか数名でアメリカ型の法科大学院を作るべく運動を始め、第二東京弁護士会の意見書としてまとめあげ司法改革審議会に提出しました。その成果が実現し、庶民でも弁護士に気楽に頼める時代になりましたが、官庁・自治体・大会社の業務を弁護士が行うことで硬直化した業務を改革していく、隣接士業を統合する、私達の構想した弁護士増員は本来このようなモデルであったわけです。訴訟の場だけではなく社会の隅々まで弁護士が活躍することを望んだ当初の目的からすればまだまだ不十分です」と熱っぽく語る。現在は、いよいよ法学部廃止と隣接士業との統合に向けて奮闘を続けている。

「普通漠然と見聞きする『法』には二つの種類があります。まず一つは国会が制定する憲法や法律。そして行政機関が策定する法令、省令や地方議会の定める条例などで、これらをハードロー（堅い法）といいます。二つ目は公的機関の『通達や通知などの行政規則』、様々な『業界団体や会社内の取り決めやガイドライン』などで、これをソフトロー（柔軟な法）といいます」と遠藤弁護士は二種類の法を説明する。

ハードローが厳格な法令であるのに対し、ソフトローは柔軟な規則ともいわれる。

遠藤弁護士が描く現代社会にふさわしい新しい法システムは、「民間の『自主規律』を基盤に、『行政規制』によって混乱を予防し、『民事訴訟』によって被害者の救済を行い、『刑事罰』は悪質なものに絞る」といった4段階のピラミッド構成だ。遠藤弁護士の構想は国際犯罪学会世界大会で発表され、民意の反映がスムーズに行われる「新しい法体系のモデル」として大いに注目されている。

「新しい法社会」を再構築するために遠藤弁護士はソフトローと並ぶ重要な考え方として、「責任分割論」（責任分担の思想）を提言する。取締役の責任の軽減を目的とした博士論文「取締役分割責任論」を発展させたものだ。

例えば、車を運転している時に子どもが飛び出して大けがをした時、運転手に5割の責任、子どもに5割の責任とする裁定が出た場合、損害賠償金は半分となる。

「法律用語で『過失相殺』、あるいは『責任の分担』『責任の分割』と言いま

【法システムの4段階ピラミッドモデル】

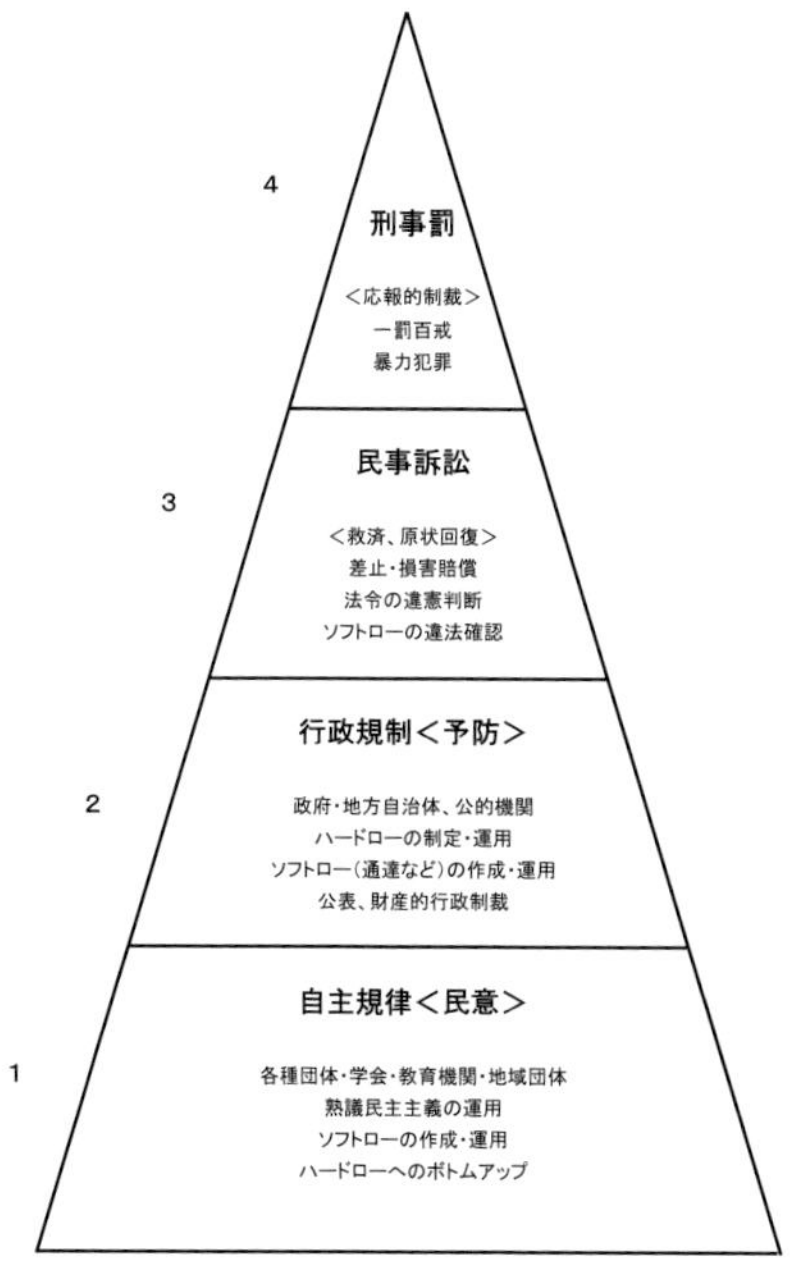

高い評価を受けている「新しい法体系のモデル」

すが、今まで交通事故を中心に適用されてきました」と遠藤弁護士は説明する。

その結果、親は子どもが飛び出さない様に注意する。運転手も速度を落とし、事故防止に努める。

「かつての裁判は、100か0かのオールオアナッシングの世界でしたが、現在ではようやく原則として被害者は救済されるようになりつつあります。例え請求が減額されても被害者は必ず勝利する社会にすることで、事故や紛争の予防につなげるようにさらにあらゆる分野に分割責任を広げなければなりません」と遠藤弁護士は力を込める。

刑事罰至上主義を改めて民事機能強化による解決を（証拠開示の拡大を！）硬直化する医療界に「しなやかなシステム」の導入を提言

救急患者のたらいまわしや外科医・産科医不足が社会問題化して久しいが、背景となっている理由の一つに医師が医療過誤で刑事罰を受けることへの恐れがあげられる。医師が刑事罰に問われるケースが増えたのは15年ほど前からだ。

行政による医療過誤の予防や民事賠償の救済が進まない中で、業を煮やした被害者が警察に駆け込むようになったためで、医療事故を刑事事件として裁くことに遠藤弁護士は強い警鐘を鳴らす。

「医療事故の刑事介入は一時的な予防にはなっても、決して長期的な改革にはつながりません。医療事故で被害者やその家族が望むのは原因の追及と救済で、再び同様の事故が起きないための予防措置です。この観点からも医療事故の是非を問うのに刑事手続きはふさわしくありません」と指摘する。そこで、遠藤弁護士は医療過誤紛争において、患者と医師の双方の立場から、民事の弁護活動に傾注しており、民事訴訟の強化こそが重要と強調する。

遠藤弁護士は不当な除名処分を事実上撤回させるなどの実績をあげるとともに、通達やガイドライン（ソフトロー）の柔軟な活用と改変を通じて、現在の硬直化した医療システムを見直し医療界の「しなやかなシステム」作りに向け精力的に活動している。

また、外国の先進的な医療を日本で実践しようとした医師に対し、データや実績を尊重しないガイドラインを盾に不当な処分をするなど、医療システムの硬直化が患者の不利益につながっていると語る。

市民参加のソフトロー作りを！
新しい法社会の実現に向けて全身全霊を傾ける

痴漢裁判の民事代理人を経験した遠藤弁護士は、10年前に痴漢犯罪対策として女性専用車両の導入を強く提言し実現させた。「今では都市部の多くの路線で導入されていますが、これも重要なソフトロー活用の一例と言えます」と説明する。

現在、社会問題となっている出生前診断については、マスコミの論調はポイントがずれているとして、遠藤弁護士自らがガイドラインを作成し、日本受精着床学会総会に合わせてマスコミに発表した。

また、訪問看護ステーション（2・5人）の患者への保険適用を、一人開業の看護師にも保険適用させないのは患者の権利の侵害だと、署名活動を指導している。

（衆議院議員会館内）議員と共に、看護師１人開業の運動を指導する

ソフトローの担い手の中心になるのは企業や中間団体だが、最終的な担い手となるのは市民一人ひとりである。よりよい社会を作るため、決して傍観者に終わることなく私たち自身がソフトローの活用に向けた行動を起こすことが求められているのだ。

昭和50年に弁護士登録以来、日本社会の在り方、国家の在り方を真剣に考え、ソフトローを有効に活用することで多大な社会貢献を果たしてきた遠藤弁護士は、今後の夢を語る。

「裁判所の判例は依然として古い考え方がはびこっています。時代に即した判決を引き出すべく頑張っていきます」

フェアネス法律事務所の弁護士は平成26年1月に11人となる。公認会計士、薬学部卒など多様な人材を集めており、民事・商事・刑事を始め、幅広い分野で依頼者の期待に応えて奮闘している。行政側でも民意を受け止める形でソフトローを形成する時代になってきた。遠藤弁護士は、東京都初の女性区長の中山弘子新宿区長の後援会会長を10年も務め、区長の「協働参画」「情報公開」「多様性と多文化共生」などのソフトロー形成を支えてきた。

強い意志と信念を秘めて熱く語る遠藤弁護士に、理想の法社会実現に向け不断の改革に邁進する気高い法律家の神髄を見る。

Profile

遠藤 直哉（えんどう・なおや）

昭和 20 年 5 月 16 日生まれ。昭和 43 年東京大学法学部卒業。ワシントン大学ロースクール大学院修士。法学博士（中央大学）。

所属・活動

第二東京弁護士会副会長（平成８年度）、桐蔭横浜大学法科大学院教授（平成２２年まで）（公）日米医学医療交流財団理事。（公）日本医業経営コンサルタント協会顧問。（公）日本医療機能評価機構総合評価部会員。（公）日本糖尿病協会倫理委員会委員。（社）日本美容業美容医療審査機構理事長。（社）ＣＳＲ・コンプライアンス連絡会理事長。東京中央ロータリークラブ会員。中山弘子とともに新宿を創る区民の会会長。
私法学会。民事訴訟法学会。法社会学会。日米法学会。経済法学会。日本犯罪社会学会。日本受精着床学会。

主な著書

「ソフトローによる社会改革」「ソフトローによる医療改革」（幻冬舎 2012）
「新しい法社会を作るのはあなたです」（アートデイズ 2012）、「取締役分割責任論」（信山社）、「ロースクール教育論」（信山社）、「危機にある生殖医療への提言」（近代文芸社）、「はじまった着床前診断」（はる書房）など多数。

Information

弁護士法人フェアネス法律事務所

所　在　地　〒 105 － 0003　東京都港区西新橋１－６－13　柏屋ビル８階
TEL 03 － 3500 － 5330　FAX 03 － 3500 － 5331
E-mail：endo@fair-law.jp
URL http://fair-law.jp
（平成 26 年１月に下記住所に移転）
〒 100 － 0013　東京都千代田区霞が関１－４－１　日土地ビル 10F
（TEL・FAX・E-mail 変更なし）

設　　　立　昭和 56 年

アクセス　地下鉄銀座線「虎ノ門駅」駅 9 番出口より徒歩２分
地下鉄三田線「内幸町」駅 A４番出口より徒歩２分
（平成 26 年１月～）
地下鉄銀座線「虎ノ門駅」駅 8 番出口より徒歩 30 秒
地下鉄日比谷線・千代田線「霞ヶ関」駅 A４番出口より徒歩３分

主な業務内容
●不動産・建築・労働・医療・薬事・マンション・刑事
●ソフトウェア・事業再生・宗教・相続・税務
●消費者紛争・団体運営など

医療過誤、金融・不動産、消費者問題のエキスパート
依頼者に真摯に向き合い迅速・的確に対応

「じっくりと依頼者の話を聞き、敏感に感じ、的確に把握し、依頼者のニーズに応えて迅速にトラブルの解決に取り組んでまいります」

南堀江法律事務所

弁護士　山内 憲之

２００３年に２万人ほどだった全国の弁護士の数が、13年には３万人を超えた。司法制度改革の影響もあり、わずか10年で１．５倍の増加となった。一方、訴訟事件の数は潜在的需要の掘り起こしも今一歩伸び悩み、この10年間大きな変化はない。

弁護士の数が増えたのに訴訟件数は横ばいという現状で、弁護士一人あたりが担当する訴訟事件数は確実に減少している。この傾向は東京、大阪、名古屋の都市部でより顕著なものとなっている。

依頼者がより優れた弁護士を選ぶ〝買い手市場の時代〟といっても過言ではない昨今だが、こうした中で依頼者から選ばれ続け、毎年着実にクライアントの数を伸ばしているのが南堀江法律事務所の代表山内憲之弁護士である。

「依頼者の要望、求めていることをきちんと聞き取ることはもちろん、依頼者がなかなか言えないことも敏感に感じ取るように常に心がけています」

依頼者に向き合う自らのスタンスをこう話す山内弁護士は昭和46年生まれの42歳。今年で弁護士歴13年目でさらに円熟味を増し、気力、体力、知力が満ち溢れる。

「幼いころの私は本を読むのが好きな大人しい子供でした」と振り返る山内弁護士は、大阪府立高津高校から、筑波大学第一学群社会学類（法学専攻）へ進み、卒業後司法書士の資格を取得して将来の職業の方向性を固める。

「司法書士の仕事は書類の作成がメインになります。非常に重要な仕事ですが、司法書士としての仕事をこなすうちにもっと依頼者と深く関わり、より広い分野で力になれることがしたいと思うようになりました」と当時を振り返る。

こうして弁護士を志すようになり、平成10年に司法試験に合格し、２年後の平成12年に弁護士として新たなスタートを切った。

司法書士から弁護士に転身、四ツ橋で開業
誰もが気軽に相談に訪れる弁護士事務所

「学生時代は弁護士になるなんて夢にも思っていませんでした」という山内弁護士だが、「民間事業のサラリーマンや公務員のように組織に属して仕事をするより、自分のペースで仕事をこなしていくスタイルが私の理想でした」と自身を語る。

山内弁護士は、弁護士登録を行った当初から独立を頭に描いていたという。勤務弁護士として、また共同経営事務所の弁護士として計6年の実務経験を経て、平成18年に念願の独立開業を果たした。

事務所は大阪市の南森町や淀屋橋といったいわゆる〝弁護士村〟ではなく、大阪市西区の南堀江を選んだ。難波や心斎橋の繁華街から徒歩圏内で、四ツ橋のオフィス街からも徒歩で5分もかからない好立地だ。

「事務所を訪れる依頼者が少しでもアクセスしやすい場所を、ということで南堀江のこの地を選びました」

南堀江法律事務所に一歩足を踏み入れると、正面には立派なエントランス、右サイドから受付スタッフが優しい声をかけて迎えてくれる。「一般に弁護士事務所は敷居が高く、思わず構えてしまう人もいるかもしれません。私はごく自然に、気軽にいつでも来ていただけるような雰囲気づくりに努めています」と山内弁護士は開放的で親しまれる事務所をアピールする。

民事全般から企業法務、刑事まで幅広く対応
医療過誤案件では豊富な経験とノウハウを蓄積

南堀江法律事務所は誰もが気軽に訪れることができるリラックスした雰囲気だ

南堀江法律事務所に舞い込む相談内容は多岐にわたる。相続や離婚、交通事故など民事事件全般から、企業間の係争や契約書作成といった企業法務全般。そしてさまざまな刑事事件など、どの分野においても幅広く的確に対応できるのが南堀江法律事務所の特徴であり強味となっている。なかでも山内弁護士が得意としているのが医療過誤に関する案件だ。

山内弁護士は医師側、患者側を問わずこれまで多くの医療過誤事件の処理に携わってきた。「医療過誤については、これまで多くの経験を積んできており、十分なノウハウが蓄積されています」と自信を覗かせる。

勤務弁護士時代、病院内で起こった患者の死亡事件で、一審で敗訴した患者側の弁護を二審から引き受けた山内弁護士は、みごと逆転勝訴を勝ち取るなど、弁護士として輝かしい実績を重ねてきた。

山内弁護士は、医療過誤やデリバティブ商品、先物取引などの問題に豊富な実績を持つ

「医療過誤はどんなに規模の大きな事件でも、豊富な経験とノウハウを身に付ければ、弁護士一人の力でも十分に闘うことができるのです。一人の力で大きな権力に立ち向かって行くことができる。弁護士の力量が試されるとともに、仕事の醍醐味が感じられるテーマだといえます」と熱く語る。「不運にも医療過誤に遭遇してしまったら、泣き寝入りせずに早めに医療過誤事件に精通する弁護士に相談してください」とアドバイスする。

　医療過誤と並んでこれまで多くの実績を積んで山内弁護士が得意としている分野に投資関係の案件がある。

「投資を巡るトラブルは企業レベル、個人レベルで様々なケースがあります。銀行や証券会社との取引の中で、債券や外国為替などのデリバティブ（金融派生）商品を買わされて多大な損失を負わされた、という相談がよくあります。個人の場合では、金やプラチナなど先物取引による損失での相談などが多いですね。どちらも十分な説明のないままに契約し、大きなリスクを背負わされてしまうといったパターンで相談にこられる方が多いです」

　山内弁護士によると、個人を対象にした先物取引の被害件数は近年とみに多いという。「先物取引は非常に専門性、投機性の高い取引です。油や貴金属製品、穀物などの商品を将来受け渡しすることを約束しますが、この時点で将来受け渡しする物品の価格をあらかじめ決める取引のことです。

素人の方が先物取引で儲けるということはほとんど皆無に近いといえます」と断言する。

「断っているのに何度も勧誘されたり、資金に余裕がなくなっているにも関わらず、取引をやめさせてくれずに、強引に継続させられたりして損害を大きくしている人が大勢います。被害にあった人はこれ以上深みにはまってしまわないようできるだけ早く相談に来て欲しい」と呼びかける。

司法書士のキャリア生かして不動産・建築にも強み
まず依頼者の話をじっくり冷静に聴く

医療過誤、デリバティブ問題を得意分野として日々の業務に邁進する山内弁護士。司法書士のキャリアを活かして建築・不動産問題にも専門的な対応を行っている。

「登記や不動産に関する書類の内容で、司法書士の資格を持つ私で判断できる所は処理します。これによって手間や時間が削減でき、依頼者にとって大きなメリットになっています。実際には連携する司法書士の先生と共に事件の解決にのぞみますが、情報交換は、手続きの処理を私が精通している分、スムーズに行うことができます」とメリットを強調する。

「不動産や建築の問題であれば、ある程度話を聞けば事件の見通しをつけることができるので、少しでも不安に思ったり、悩んでいることがあればぜひ相談してください」と山内弁護士。

様々な悩みをもつ依頼者と相対する上で山内弁護士が一番心がけていることは〝話を聞くこと〟

相談に訪れる人に真摯に向き合い、まずじっくりと話を聞く

だという。「依頼者の話を聞くテンポや受け答え、聞き方は昔とだいぶ変わってきました」という。

「弁護士になりたての頃はひたすら依頼者と一緒に考え、共に事件を解決するというスタンスでした。しかし長年弁護士として仕事をしているうちに、依頼者の中には隠し事をしてオープンに話してくれない人や、自分の都合のいいようにしか話さない人が結構いることが分かってきました。今は客観的な立場からじっくり、冷静に依頼者の話を聞くようにしています」と緩急自在のベテラン弁護士の妙を伺わせる。

こうしたスタンスで臨むのは、全ては裁判に勝つため、最終的に依頼者の利益のためなのだ。「こちらに腑に落ちないことがあれば裁判でも勝てないし、裁判官にも理解して貰えない。おかしい部分や筋の通っていない部分はきっちりと依頼者に確認するようにしています」

依頼者が気持ちを楽にして話せる環境づくり
問題が表面化した時が相談のベストタイミング

山内弁護士はまた、相談に事務所を訪れる依頼者にはどんな状況でもリラックスして貰うことを心がけている。

「例えば病院の診察室で医者が深刻な表情で患者の話を聞いていると、〝かなり悪いのではないのか〟と患者が心配になってしまいます。しかし医者が軽妙なタッチで何気ない感じで患者の話を聞いていると、〝そう心配することはないのかな〟と患者の気持ちが楽になることがあります。これと同様に私も依頼者の話は私自身肩の力を抜いてお聞きし、依頼者が気持ちを楽にして話せる環境づくりに努めています」と話す。

南堀江法律事務所は開業して7年が経過した。弁護士は山内弁護士を含めて2人。事務スタッフが2人の4人体制で、「みんな優秀で頼りになる人材ばかりです」と胸を張る山内弁護士。

「相談に来られる方にリラックスしてもらい、安心して相談していただくためにも、常々スタッフには元気に明るく依頼者に接するように言っています」

「事務所には色んなトラブルや係争を抱えて悩む依頼者が相談にやってきますが、もう少し早くに来てくれたらもっと負担が軽く解決できたのにと思うことがあります」と悔やまれることも多いそうだ。

山内弁護士は、弁護士に相談する最適なタイミングが分かれば、もっと弁護士に依頼しやすくなるという。

例えば離婚問題の場合、慰謝料や親権などの条件が十分に話し合われないまま書類に押印してしまうと、その後で弁護士に相談にこられてもどうしようもできない場合があるという。

「問題が表面化して双方の意見が食い違い、こちらの意思を伝えても何の返答も返ってこなくなった時が、弁護士に相談する最もベストなタイミングだといえます」と山内弁護士の言葉に力がこもる。

弁護士への相談はできるだけ早い目がベター
潜在化していた法的トラブルが顕在化する

一方では、当事者間でまだ問題が表面化していない段階で不安になった依頼者が相談に訪れる場合もあるという。山内弁護士は、「それでも全然かまいません。早く相談にきて損をするということはありません。弁護士として法的なアドバイスをする状況ではなくとも、弁護士に話をきいてもらうことで気持ちが楽になるという方も多くいらっしゃいます」と、相談するタイミングは遅いより早い方がいいと繰り返し訴える。

厳しい競争の時代を迎えている弁護士業界にあって、自らの専門性を活かし依頼者と真摯に、冷静に向き合うことで日々多くの案件をてきぱきと解決に導く山内弁護士は、まさに暮らしとビジネス、健全な社会の営みをサポートする名医である。

日本もこれからは権利意識の高まりにともなって、弁護士や医師も訴えられるケースが増えてくることが予想される。これまで潜在化していたさまざまな法的トラブルが、今後どしどし表面化して日常の暮らしやビジネス、社会生活の上で弁護士の役割はますます大きくなっていくことになる。

山内弁護士は、「日々変化する社会とそこで暮らす生活者や職業人、企業人が抱える問題、悩みや不安を、依頼者と向き合う中で敏感に感じ、的確に把握して依頼者のニーズに応えてトラブルの解決に取り組んでまいります」と力を込める。弁護士という仕事に強い使命感と責任感を持ち、迅速・確実な事件処理に邁進する山内弁護士の厳しさの中に柔和で誠実な人柄がにじみ出る。

Profile

山内 憲之（やまうち・のりゆき）

1971年生まれ。大阪府出身。大阪府立高津高校、筑波大学第一学群社会学類卒業。行政書士、司法書士、宅地建物取引主任者、社会保険労務士の資格を取得。司法書士事務所勤務などを経て1998年司法試験合格。2000年に弁護士登録。4年間の勤務弁護士を経て、2004年に独立、共同経営事務所を立ち上げ、2006年南堀江法律事務所開設。

所属・活動

大阪弁護士会会員、大阪弁護士会医療委員会委員、大阪医療問題研究会会員
大阪府テコンドー協会監事、LEC東京リーガルマインド講師

Information

南堀江法律事務所

所在地　〒550－0015　大阪市西区南堀江1－11－5
ナカムラビル6階
TEL 06－6110－9789　FAX 06－6110－9792
E-mail y-noriyuki@nifty.com
URL http://www.yama-nori.com/

アクセス　地下鉄四ツ橋線・四ツ橋駅から6号出口を出て、四ツ橋筋を南（右方向）へ徒歩1分

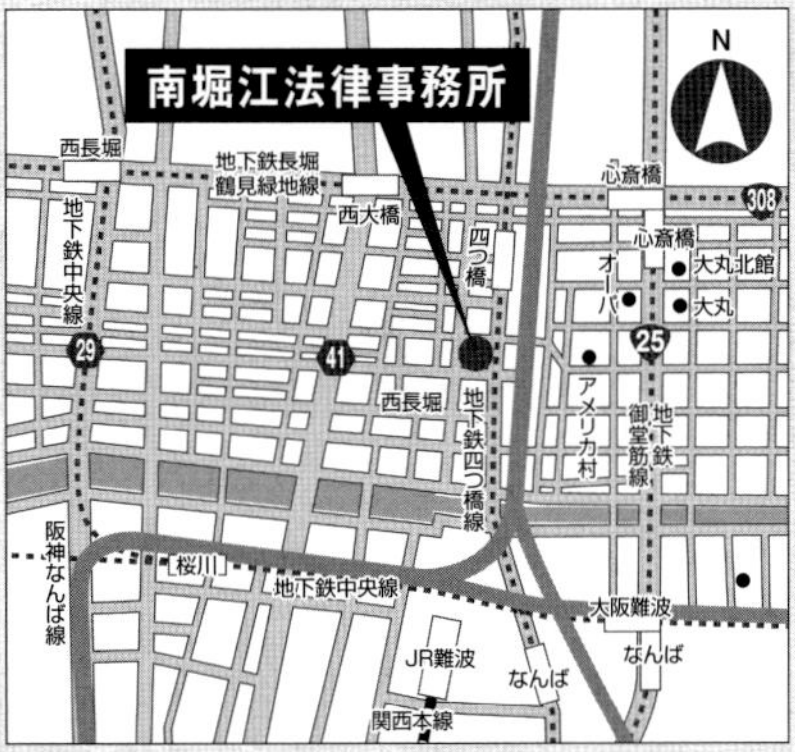

業務時間　月－金（9：30～18：00）
時間外は要予約

主な業務内容

- **民事事件**
  金銭・不動産・契約に関するトラブル、交通事故、相続、離婚、クレーム処理、民事介入暴力対策など、債務整理
- **消費者問題**
  商品先物取引、先物オプション取引、未公開株など、高額投資の勧誘による被害
- **企業経営に関する諸問題**
  企業間紛争の諸問題、労使問題（労使問わず）、不正競争、契約書の作成、確認など、会社整理（破産、民事再生申し立てなど）
- **医療過誤**
- **為替デリバティブ、仕組債による損失**
- **刑事事件**
- **文書作成**
  契約書、内容証明、遺言書など各種法的文書

Interview SAMURAI業

弁護士

Professional Lawyer

遺産・相続から労働、債務、刑事までオールマイティーに対応
すべての事案に丁寧に向き合い質の高い事件処理

「病気になったら無理をせずに早めに医師に診てもらいます。これと同じような感覚で気軽に弁護士を利用して貰いたいと思います」

横浜西口法律事務所
弁護士　**飯島 俊**

司法制度改革に伴う新しい司法試験制度に移行して以来、司法試験の合格者数は著しく増加した。これまで５００人程度で推移していた合格者は、平成11年に１０００人、19年には２０００人に上った。

これに伴って弁護士の人数も増加し、平成12年に１万７０００人だった弁護士の数は現在３万人を数え、わずか10年余りで倍近くに増大した。

弁護士の激増で様々な問題が浮上してきた。弁護士登録をしても就職先の見つからない弁護士の存在や、弁護士の質の低下が懸念されているのだ。今、弁護士の業界でも司法制度の抜本的な見直しをせまる声が上がっている。

一方弁護士に相談を依頼する側は、多くの弁護士の中から信頼できる腕のいい弁護士を選ぶ〝目利き〟が求められるようになった。

こうした時代背景の中で、横浜西口法律事務所を営む飯島俊弁護士は事務所開設以来、様々な問題解決に精力的に取り組み、依頼者から選ばれる弁護士として、横浜市民の暮らしとビジネスを支える頼れる弁護士としての声価を高めてきた。

生まれ育った地元横浜で独立開業
地域に根差した実直な弁護士活動を展開

「弁護士だからと身構えることなく、どんな人にでも気軽に相談頂けるような存在でありたい」

こう語る飯島弁護士は神奈川大学法学部を卒業後、青山学院大学法科大学院に入学した。もともとは検察官が志望だったが、司法試験に合格後、研修を受ける中で「組織に縛られる仕事は自分の性に合っていない」と方向転換を決意し、近い将来独立を見据えて弁護士の道を志した。

平成19年に弁護士登録し、約2年間の勤務弁護士期間を経て、平成21年に「人一倍愛着があった」という地元横浜市に横浜西口法律事務所を開設した。

事務所は、「相談に来られる方がアクセスしやすいように」と横浜駅西口から歩いて5分ほどの交通至便な場所にある。4年目を迎えた現在は地域に根差した弁護活動で横浜市民の認知度も着実に高まり、地域の法律ドクターとしての存在感を確かなものにしている。

飯島弁護士は、「ことさら専門性を打ち出すのではなく、どんな相談にも応えられるようオールマイティーに対応できるように努めています」と自身のスタンスを語る。

離婚をはじめとした男女問題や自己破産、借金、過払い問題、遺言・相続問題をメインに、成年後見、不動産、債権回収、労働事件、消費者被害、交通事故まで幅広く対応する。

「皆さん色んな悩みを抱えて相談に来られますが、もう少し早いうちに相談に来てくれればもっと良い事件処理が出来たのにと悔やまれるケースが多々あります」と飯島弁護士は語る。

裁判に持ち込むのはあくまで最後の手段
離婚の相談は相手に話す前にまず弁護士へ

世間一般には、弁護士といえば裁判になってから相談するというイメージだが、「実際はそうではありません」と飯島弁護士。裁判に持ち込むのはあくまで最後の手段で、それ以前の段階での話し合い解決を強調する。

「裁判になる前に、早めに相談してもらえれば、解決への選択肢や対応策も多く、争うことなく話し合いで解決できる可能性も高いのです」とのこと。何にせよ早めの相談は依頼者にとってメリットが大きいという。

「一歩も二歩も早いタイミングで相談に来て頂くのが理想」と語る飯島弁護士

「問題やトラブルを抱えた場合は、ご自身が思うよりも一歩も二歩も早いタイミングで相談に来て頂くのが理想です」と力説する。

例えば離婚問題の場合だと、依頼者が離婚を考えている段階、それも配偶者である相手に相談していない段階で、弁護士に相談することがベストタイミングだという。

「そうすれば話し合いで解決できる道も考えてあげられます。裁判に発展しそうな場合でも相手に勘ぐられることなく、離婚の根拠となる証拠を集められ、裁判を有利に進めることができます」と解説する飯島弁護士。

さらに離婚の際には、財産分与や親権・養育費、慰謝料、年金分割など決めなければならないことが山積している。こうした事柄を当事者間で話し合うと感情が入り、冷静な話し合いが出来なくなることがある。

その結果話がまとまらず、裁判に発展するケースが多いそうだ。

「争いになる前の、話し合いの段階で代理人として弁護士が介入することによって、離婚はスムーズに処理されていくケースが多いです」と飯島弁護士は早期の相談を呼びかける。

遺言・相続の相談もできるだけ早いうちに
遺言書の作成は弁護士が最も適任

横浜駅から歩いて５分程の交通至便な場所にある横浜西口法律事務所

社会の高齢化が進む中で、今後ますます相談案件が増えてくる分野が相続・遺言である。これについて飯島弁護士は、「弁護士に相談するベストなタイミングは遺言を書く段階です」という。

遺言の相談なら行政書士や司法書士に、というイメージを持っている人も多いようだが、飯島弁護士は「遺言の相談は訴訟の専門家である弁護士が最も適任です」ときっぱり言い切る。

それは、遺言は裁判で争われることを防ぐために作るという側面があるという。

「そのため、遺言はどのような書き方をすれば争いにならず、裁判にならないかということを見据えて作成しなければなりません」ということで、遺言の相談は訴訟の専門である弁護士が最もふさわしいということになる。

さらに飯島弁護士は遺言に関して「定期的に書くことをお勧めします」とアドバイスする。

「遺言は一度書けば死ぬまで有効ですが、生前に何度でも書き直しすることができます。子供が生まれれば相続人が変わります。また自分の財産の状況が変われば遺産が変わります。本当に相続人のためを思うのであれば、少し手間になりますが、人生の節目節目で遺言を書き直すことが理想です」

また、相続人に継ぐべき遺産が多岐になればなるほど、スムーズな分割が困難になる。相続人の間で遺産相続を巡ってのトラブルやリスクも増加してくる。

「とくに遺言に書かれていない遺産が見つかると、これが相続者同士の争いの火種になる可能性が出てきます」という。

規模の大きい遺産相続の代表格が、会社の経営者や個人事業主の財産相続だ。飯島弁護士は、「経営者の個人的な財産だけでなく、株や事業用財産の引き継ぎなど、経営者ならではの遺産が多数あります。これら全てを相続人にどのように受け渡すかをきっちりと遺言の中に残すことが大切です」と指摘する。

このため飯島弁護士は、「経営に携わる人は、その会社や事業をきちんと存続させるためにも、相続の専門家に相談してきちんと遺言作成を考えて欲しい」と呼びかける。

黒で統一された飯島弁護士こだわりの事務所内

借金問題は色々な解決策を弁護士がアドバイス 過払いの相談では返済金が返ってくる場合も

借金問題でも「早めに相談して頂くのに越したことはありません」と飯島弁護士。「借金の返済で困っている方に対しては、破産や任意整理、民事再生など様々な救済策があります。一人で悩むのではなく迷わず私たち弁護士に相談してください。必ず解決の方法は見つかります。ご相談いただければそれぞれの状況に応じて適切なアドバイスをさせて頂きます」と力強く語る。

これまで飯島弁護士は多くの借金問題を解決に導いてきた実績をもつ。「町の広告やメディアのCMなどでご存じの方も多いと思いますが、これまで借金をして返済を行ってきた人の中には、余分に返済して過払いとなっているケースがあり、払い過ぎたお金は返ってくる可能性があります」と指摘する。

１００万円未満の借金の場合、法律では利息は年18％までと決められている。「少し前までは18％

を超える金利で利息を払っていた方も多かったですが、実際は18％を超える利息は違法なので、過払い金として戻ってくる場合があるのです」と説明する。

ケースによっては借金が帳消しになる上に、お金が戻ってくることもあるという過払い金請求は、借金の返済に苦しむ人にとっては〝干天に慈雨〟にも似た話だ。

「以前、借金で破産をしたいと相談に来られたご夫婦がいました。状況をよく調べてみますと過払い金があり、何百万というお金を回収することができました。諦めていたご夫婦にはそれこそ大変喜んでいただき、私も弁護士をやっていて本当に良かったとつくづく思いました」

こうしたケースはまだまだたくさん眠っていることが予想されることから、飯島弁護士は「借金の問題で悩んでいる方は、劇的に現状が改善されることもありますので、まず弁護士を頼って相談に来て欲しい」と訴える。

病気で医者に診てもらうように気軽な感覚で弁護士へ相談
依頼者からの感謝の言葉が弁護士の醍醐味

「離婚や相続、借金問題に限らず弁護士への相談は、皆さんが思っているよりも一歩も二歩も早いタイミングでお願いしたいのです」と飯島弁護士は繰り返す。そのため飯島弁護士は、依頼者が相談しやすい雰囲気づくりに心を砕いている。

「病気になったら無理をせずに早いうちに医師に診てもらいます。これと同じような感覚で、気軽

に弁護士を利用して貰いたいと思っています」

横浜西口法律事務所では、できるだけ依頼者が気軽に相談しやすいように夜間法律相談や、出張法律相談を行っている。また、「少しでも債務で困っている方の力になれれば」と、債務に関する初回の相談料を無料にしている。連日様々な案件を抱えて多忙な毎日だが、「事務所を大きくしようという考えは今のところはありません」という飯島弁護士。

「規模を大きくして多くのスタッフを抱えると、事務所運営をするためにたくさんの事案を処理しなければならないという義務感が生まれ、商売っ気が前面に出てしまうので嫌ですね」と苦笑する。

事務所経営を二の次と考える飯島弁護士は、「本当に困っている依頼者を助けてあげたい」という自身の想いを大切にし、「数多くの事件をこなすのではなく、一人ひとりの相談者、一つひとつの事件と真摯に向き合って質の高い事件処理を行っていきたい」とキッパリ語る。

組織の下で働くことをよしとせず、弁護士の道を選んで今年6年の飯島弁護士は、「弁護士が自分にとっての天職だったと実感しています」と充実した表情を浮かべる。「独立開業するとどんな案件でも自分一人の判断で決めていきますが、責任も自分一人にのしかかってきて大変なプレッシャーとなります。しかし、今の仕事のスタイルが私に一番合っていると思います」

弁護士としての何よりの醍醐味は、相談案件を通して、依頼者と喜びや悲しみを共有する距離感であり、「事件が無事に解決できた時に依頼者からダイレクトに寄せられる感謝の言葉」だという。

飯島弁護士は昭和54年生まれで今年34歳。身長が１９７㎝あり「おそらく日本で一番の背の高い弁護士でしょう」と笑う。

若さとフットワークを武器に地元横浜市の暮らしとビジネスを支える、気さくで、優しい物腰の頼れる弁護士だ。

Profile

飯島 俊（いいじま・たかし）

昭和 54 年生まれ。神奈川県横浜市出身。神奈川大学法学部卒業後、青山学院大学法科大学院卒業。平成 19 年弁護士登録。同年川崎総合法律事務所で勤務。２年後の平成 21 年横浜西口法律事務所開設。

所属・活動

横浜弁護士会。弁護士業務改革委員会。刑事弁護センター運営委員会。高齢者センター設立プロジェクトチーム。日弁連高齢社会対策本部委員。日弁連弁護士業務改革委員会委員。ＮＰＯ法人遺言相続リーガルネットワーク横浜事務局。趣味はバスケットボール。

Information

横浜西口法律事務所

所 在 地　〒 221 － 0835　神奈川県横浜市神奈川区鶴屋町１－６－１
岩井ビル３階Ｃ室
TEL　045 － 534 － 7824
URL　http：//www.yokohamanishiguchi.com/

設 立　平成 21 年

アクセス　●JR 横浜駅から徒歩３分

業務時間　月－金　9：30 ～ 17：00
休業日　土・日・祝日

取扱い分野
●遺言・相続・交通事故
●離婚・婚約破棄
●債権回収（保全・執行）
●不動産取引
●多重債務（破産・過払い請求など）
●成年後見・労働問題
●消費者被害
●刑事事件・少年事件
●その他

本格的な弁護士費用保険制度の導入に尽力
依頼者本位の開かれたリーガルサービスを提供

「一人でも多くの人に弁護士という存在を身近に感じてもらい、利用すべき時にすぐに利用できる環境を作っていきたい」

弁護士法人 リーガルジャパン
弁護士　木下 慎也

身体がトラブルを起こせば医師にかかる。暮らしやビジネスでトラブルが起これば弁護士に相談に行く。いずれもトラブルを解決する職業だが、実は両者には大きな違いがある。

医師は生まれた時から私たちの日常の暮らしに欠かせない身近な存在だ。医師のいない町や地域は考えられない。

これに対して、弁護士は一般には馴染みのない存在だ。日常的に家庭や職場、あるいはビジネスや商売でトラブルや事故はごく普通に起こり得るのだが、どんな時に、どういう具合に弁護士に相談すればいいのか。またどの法律事務所に行けばいいのか、どんな弁護士に頼めばいいのか、となればほとんどの人が首をかしげる。どれだけ費用が掛かるのか、という不安も気軽に弁護士に相談できない理由となっている。

こうした疑問や不安に応える形で今年5月、国内で初めてとなる本格的な弁護士費用保険が誕生した。

「国民にとって、医療費には健康保険があるように、弁護士費用にも弁護士費用保険があれば、皆がより安心して暮らせる世の中に近づくと思います」と力を込めて語るのは、弁護士法人リーガルジャパンの木下慎也弁護士だ。

日々の弁護士活動のかたわら、「一人でも多くの人に弁護士という存在を身近に感じてもらい、利用すべき時にすぐに利用できる環境を構築したかった」という思いから弁護士費用保険にいち早く着目し、制度実現に向けて力を尽くしてきた。

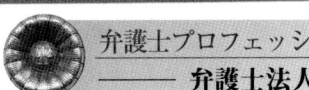

事故事件の事案処理で高い専門性を発揮
損害賠償請求は精通する弁護士に相談を

木下弁護士は昭和42年生まれで現在45歳。弁護士を志したのは大学卒業の頃で、「依頼者の顔が直接見えて、良くも悪くも仕事の結果に対する責任が強く問われることにやりがいを感じた」という。

弁護士登録後勤務弁護士を経て、平成14年に独立し、個人法律事務所を経営した後、平成23年に弁護士法人リーガルジャパンを設立した。当初は一つの法人として大阪や東京、広島、呉に事務所を構えていたが、今はそれぞれが独立した事業所として単体で運営している。

「弁護士として各自が責任をもってプロの仕事を貫徹するには、それぞれの事務所が独立して地域に根差し、各地域の特性を踏まえて業務をする方が良いと判断しました。もっとも大阪、東京、広島などの事務所間では、テレビ会議システムを用いて打ち合わせをすることが可能で、各事務所の弁護士の強みを持ち寄る形で相乗効果が発揮できるようにしています」

事務所に舞い込む相談は遺産分割、離婚、成年後見、交通事故、債権回収といった一般民事から、労働問題、契約書チェックなどの企業法務まで多岐にわたる。中でも木下弁護士が得意としているのが事故案件だという。

「交通事故や医療事故、工場などでの作業中の事故。それに傷害事件の損害賠償といった不法行為の仕事など今までかなり多く手掛けてきました」

これらの事故事件が起こった場合、加害者側に対して損害賠償請求ができるが、「事故案件は請求の方法などで意外に高い専門性が求められる分野なのです。事故の種類によって存在する決まり事をしっかり把握していないとスムーズな処理ができないので、事故による損害賠償請求を考えている方は必ず事案に精通する弁護士を頼って欲しい」とアドバイスを送る。

高い質と親しみやすさを兼ね備えた弁護士法人 リーガルジャパン

平成25年5月に国内初の弁護士費用保険が誕生 より多くの人が弁護士のサポートを受けられるように

こうした事故案件を含め、様々な依頼に対応して多忙な毎日を送る木下弁護士が、業務の合間を縫って力を注いできたのが本格的な弁護士費用保険制度の導入だ。

「今年5月にようやく実現にこぎつけましたが、欧米では世帯の約半数が加入している国もあるほど一般的なものになっています」と解説する。

日本は世界に冠たる国民皆保険の国で、医療費の大半が健康保険でサポートされている。民間の生命保険

今年５月に出版した木下弁護士の著書
「かかりつけ弁護士の見つけ方」

でも多様な医療特約で疾病治療や入院などの費用負担をカバーできる。

ところが、司法の業界では、調停や訴訟に関わる弁護士費用はもちろん、簡単な法律相談にかかる費用についても、ほとんどの案件で全て依頼者が負担してきた。

「弁護士費用も医療費用と同様に負担を減らすことができれば、もっと弁護士を利用しやすくなることは間違いありません」と力説する木下弁護士。

平成25年5月に導入された保険は〝弁護士費用保険Ｍｉｋａｔａ〟の商品名で、全国で販売されている。毎月二千九百八十円の掛け金で、法律相談料は年間十万円まで無料。偶然の事故による損害だと着手金だけでなく、報酬も含めて全額負担される。それ以外の事件の場合は着手金の約半分が支払われる仕組みだ。

「弁護士費用保険というのは、弁護士に依頼するための費用を補てんするものです。争い事ですから、必ず勝てるという保証をするわけではありませんが、保険で費用を賄うことによって、より多くの人が弁護士のサポートを受けられる機会を平等に得られるようにしたい。そして、泣き寝入りのような悔いを残さないで欲しいという思いがこの保険に込められています」

弁護士費用の軽減など弁護士費用保険の4つのメリット
相談窓口の設置で弁護士に気軽にアクセスできる

弁護士費用保険には大きく4つのメリットがあると木下弁護士は強調する。まず一つ目は予防法務になるということ。弁護士費用保険に加入すれば、健康保険証のような弁護士保険証がもらえる。「この保険証があるだけで、押し売りや詐欺商法などのトラブルを未然に防げる可能性がある」という。

二つ目は弁護士費用が安くなるという点だ。弁護士に依頼をする場合、案件にもよるが通常数十万円の着手金が必要で、個人にとっては決して安い金額ではない。裁判に勝っても負けても支払わなくてはならない費用で、これが依頼者にとっては最大のリスクとなる。

「着手金の一部でも保険で負担してもらえれば、これまで司法による解決を諦めていた人も悔いのない選択ができる確率が高くなります」と木下弁護士はいう。

三つ目のメリットが、弁護士へのアクセスがしやすくなる点だ。トラブルが起きて、いざ相談したいと思っても、どこに行っていいかわからない場合や、法律事務所はなかなか敷居が高くて気が引けるといった人も多い。「そうした人たちも、保険のカスタマーセンターが最初の相談窓口であれば相談しやすい。弁護士へ直接アクセスする前に、ワンクッション挟むことで気軽に弁護士に相談できるルートが開けます」とその効用をアピールする。

そして最後の四つ目のメリットは、希望するタイプの弁護士を選べる可能性が高くなる点だ。

弁護士費用保険誕生を記念したイベント活動も積極的に行っている

弁護士費用保険で希望する弁護士が選びやすくなる 近い将来主治医のように弁護士が身近な存在に

交通事故や離婚等のトラブルは、人生の中でそう何度も起こるものではない。したがって、初めて弁護士に依頼しなければならない場合、弁護士に知り合いのいない一般の人々にとって、どの弁護士が優秀なのか、どの弁護士が自分に合いそうなのかという選択は非常に難しくなる。しかし弁護士費用保険が普及すると、一般の人も、これまで以上に弁護士の情報を得ることができる。保険会社は、保険利用者にアンケートを取るなどして、弁護士の評価や仕事ぶりに関する情報を集積していく。この情報を依頼者が弁護士を選ぶ際に参考にして、自分と相性の良さそうな弁護士を選ぶことができるのだ。

「今までブラックボックスに近かった弁護士の情報がわかるようになり、サービスが良いと評判の弁護士に依頼が集まることになります。これによって弁護士業界全体が切磋琢磨してサービスの質の向上を目指すようになるかもしれません」と木下弁護士は弁護士費用保険の今後に期待を込める。

現在の弁護士費用保険は個人一般向けのみだが、ゆくゆくは法人向けの商品などが誕生する可能性があるという。

そうなれば、中小企業経営者などが思わぬトラブルに見舞われたり、法的な問題を抱えた場合には、安心して相談できる弁護士が身近にいるという時代になるかもしれない。

「弁護士と顧問契約を結ぶということは、一般では大げさでなかなかイメージしにくいですが、主治医のようにいつでも気軽に弁護士に相談できればと願う個人や事業主は多いと思います。是非保険をうまく活用して日常の暮らしや商売で安心を手に入れていただきたいですね」と語る。

依頼者には理解しやすい言葉で、わかりやすく説明
弁護士冥利に尽きる「弁護士に依頼して良かった」の一言

木下弁護士は、弁護士費用保険の発売と同時期に『かかりつけ弁護士の見つけ方』という書籍を出版した。「弁護士という存在を、多くの方が身近に感じて貰える一助になれば」と執筆に至った想いを語る。

そして日々の仕事で木下弁護士が常に心がけているのが、『依頼者の目線に立って』という変わらぬスタンスだ。「弁護士は仕事の性質上、一般の人には馴染みの薄い専門用語を使う場合が出てきます。それだけに、依頼者と相対するときはその人にとって一番理解しやすいと思う言葉を噛み砕いて選び、わかりやすく伝えることをとくに意識しています」

相談者の様子を注意深く見守りながら、一人ひとりに合った言葉を選んで繰り返し丁寧に説明するため、「気が付くと相談時間がつい長くなってしまうことが多いです」と木下弁護士は苦笑する。弁護士になって今年で18年目の木下弁護士だが、「今まで色んなことがありましたが、やはり事件を無事解決して依頼者から感謝された時が一番嬉しい瞬間です」としみじみ語る。弁護士という仕事に誇りを持ち、依頼者の悩み、苦しみを解決するために日夜奮闘する中で木下弁護士は、弁護士という職業をこう語る。「依頼者からの相談内容はかなり幅広い分野に及ぶため、弁護士自身がこれまでの人生で得た知識や経験が非常に役立つことが多い。それだけに何事にも好奇心を持ち、あちこちにアンテナを張って様々な事柄についての情報収集に努めています」

法人から個人、企業法務から事故案件、家事案件、民事、刑事と様々な分野で実に多彩な活動を繰り広げている木下弁護士の心根にあるのは、「依頼者が悔いの残らない人生を送るために、トラブルとどのように向き合い、最終的にトラブルをどのように乗り越えていくかのサポートです」

争いごとの現場では、悔しい思いや抑えがたい怒り、あるいは不安にさいなまれる依頼者を多く見聞きする。

トラブルの渦中において、どうしても強い喪失感を抱いていたり傷ついている依頼者が多い中で、単なるリーガルアドバイスだけではなく、問題の解決に向けて後悔のないプロセスを経ることが、非常に大切になる。

そのようなプロセスの中で、木下弁護士は彼らが前向きに気持ちを切り替えて、トラブルを乗り越えていくために、時には自らの経験などを交えたアドバイスをしながら、依頼者に寄り添うことを心がける。

「依頼者からこの弁護士に依頼して本当によかったと思っていただければ、まさに弁護士冥利につきますね」

自身のモットーでもある〝吾唯足ることを知る〟を胸に、依頼者本意の弁護士道を邁進する。

Profile

》》 木下 慎也（きのした・しんや）

昭和42年10月生まれ。奈良県出身。東北大学法学部卒業。弁護士資格を取得後、事務所勤務を経て、平成14年独立。平成23年弁護士法人リーガルジャパンを設立。

所属・活動
大阪弁護士会所属。
著書に『かかりつけ弁護士の見つけ方』

Information

》》 弁護士法人 リーガルジャパン

所　在　地　〒530－0001　大阪市北区梅田1－1－3
大阪駅前第3ビル12階
TEL 06－4797－0905　FAX 06－4797－0906
URL　http://www.legaljapan.jp/

アクセス
●地下鉄御堂筋線「梅田駅」から徒歩約5分
●地下鉄谷町線「東梅田駅」から徒歩約2分
●地下鉄四ツ橋線「西梅田駅」から徒歩約5分
●ＪＲ東西線「北新地駅」から徒歩約1分
●ＪＲ各線「大阪駅」から徒歩約4分
●阪神電鉄「梅田駅」から徒歩約3分
●阪急各線「梅田駅」から徒歩約8分

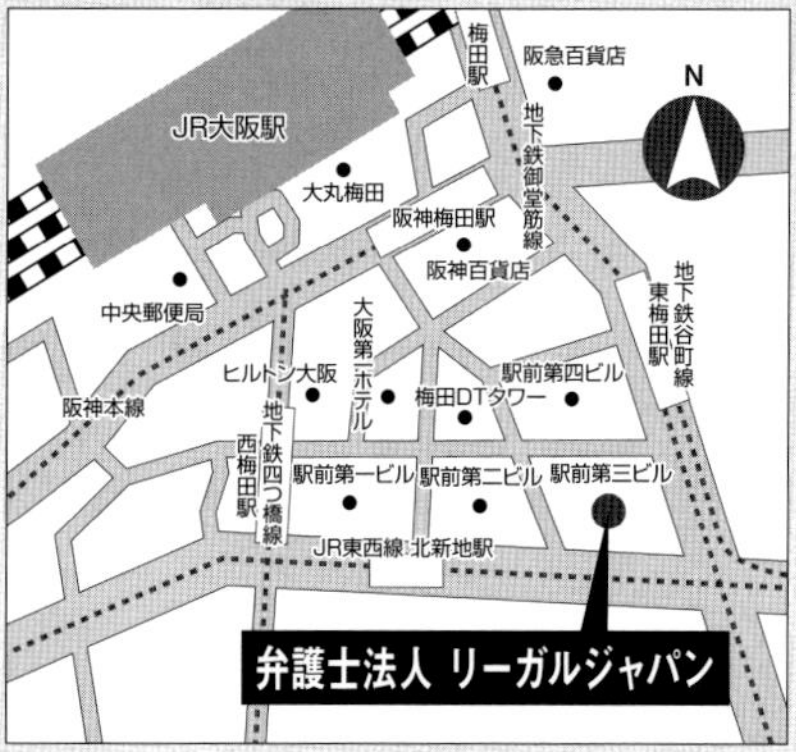

業務時間　9：00～17：30

主な業務内容
●一般企業法務（各種契約書の確認、作成など）
●損害賠償請求事案（交通事故、医療過誤、製造物責任など）
●労働問題
●知的財産（知的財産権の侵害による紛争対応、商標・著作権登録出願手続き）
●借金問題（任意整理、破産申立てなど）
●家事事件（遺言書作成、遺産分割、相続、離婚、親権）
●一般民事（債権回収、不動産任意売却、建築紛争、借地借家関係など）
●刑事事件（被疑者参加、被告人弁護、示談交渉など）

Interview
SAMURAI業

弁護士

Professional Lawyer

高齢者の暮らしと資産を守る〝老活〟の達人

法を駆使して高齢者に健やかで安心した暮らしをサポート

「かかりつけのお医者さんのように、日頃からお客様のことを詳しく把握しているので、いざトラブルが起こった時でも安心して相談することが出来ます」

弁護士法人レセラ
四ツ谷法律事務所
弁護士　大竹 夏夫

国民の4人に1人が65歳以上という超高齢社会を迎えている。すべての高齢者が安心で健やかな生活を送るのは理想だが、現実の社会はそうはいかないようだ。

お金の問題、健康の問題、家族の問題、介護の問題など、様々な事情が複雑に絡み合って思い悩み、苦しい生活を強いられている高齢者が全国には大勢いる。

こうした高齢者問題を解決するにはどこに頼めばいいのか、誰に相談すればいいのか、手立てのないまま泣き寝入ってつらい日々を過ごす高齢者は少なくない。

こうした中、高齢者が抱える問題に真正面から取り組み、高齢者の生活の支えになろうと、日夜奮闘を続けているのが弁護士法人レセラの代表を務める大竹夏夫弁護士だ。

「弁護士が高齢者の生活を守るというとピンと来ない人が多いかもしれませんが、今の法律は高齢者の暮らしを守るように作られています。ですがほとんどの方がそれを知らずに、つらい思いをされているのが現状です。どんな些細なことでもいいので困ったことがあったら私の事務所に相談に来てください」

高齢社会の進展で増加の一途をたどる高齢者問題
本人も周りも自覚が乏しく身近に根を張る高齢者の虐待

こう力強く訴える大竹弁護士は現在45歳。明治大学法学部を卒業後、弁護士の道を志して司法試験に合格、平成7年に弁護士キャリアをスタートさせた。事務所勤務で実務経験を積み、平成13年に大竹夏夫法律事務所として独立。これまで企業案件から、個人案件まで幅広い分野の事件を処理し、今年で弁護士歴19年目を迎える。

大竹弁護士が高齢者問題に尽力しようと考えたのは自身の両親に対する「特別な想い」からだという。

「私の父は4年前に亡くなり、母は2年前に認知症を発症してまともにコミュニケーションが取れなくなりました。今は老人ホームで過ごしています。満足に親孝行ができないまま父は他界し、母がこのような状態になって残念でなりません。私が高齢者の方々の支えになろうと思ったのは、満足に親孝行できなかった自分の両親に対するせめてもの恩返しになるのではという想いからです」

胸中をこう語る大竹弁護士。長年高齢者問題に取り組んで様々な相談を受ける中で、最も注意深く対応していかなければならない点が「高齢者の虐待の問題」だという。

「虐待というと暴力を連想しがちですが、ほんの日常的な些細なこと、例えば〝怒鳴る〟、〝悪口を言う〟、〝必要なお金を渡さない〟、〝年金や預貯金を勝手に使う〟、〝薬を与えない〟、〝外出させない〟、〝食事や水を与えない〟、〝劣悪な環境に放置する〟などといった行為も虐待にあたります」と指摘する。

気を付けるべきは虐待する側、される側の双方に自覚が薄い場合で、潜在的に高齢者の虐待が横行しているのは、こうした理由によるものだ。

日常的に起きる高齢者虐待問題に精力的に取り組む
少しでも虐待では?と感じたらすぐに相談して欲しい

これまで多くの高齢者の虐待問題を解決に導いてきた大竹弁護士は、自身の経験から一つの印象的な事例を挙げて語る。

「夫を亡くして青森で1人暮らしをしている83歳の母親の家に、40歳になる長女の家族が半ば強引に押しかけて同居を始めました。東京に住む36歳の次女が母親に電話をすると、母親は『娘に怒られた』、『一緒に住むのがつらい』と訴えるのです」

「そこで次女が様子を見に母親と長女の家族が同居している実家に行きましたが、長女夫婦は次女を家の中に入れませんでした。これはおかしい、と思った次女の娘さんが私の事務所に相談に来られました」というのだ。

大竹弁護士は次女の話を聞くにつれて、実家のお母さんの認知症の可能性を指摘して保護を提案したという。ところがどうしても長女は母親との面会を拒んで連れ出すことができなかった。

「私はお母さんが早朝一人で散歩に出かける場合があることを知り、その時を見計らってお母さんを保護し、病院に連れて行って診てもらいました。その結果中度の認知症を患っており、原因は同居家族との劣悪な生活環境にあることが分かりました」と説明する。

大竹弁護士は直ちに長女に通知を出して母親が連れ戻されるのを防ぎ、今現在、その母親は都内の介護施

相談者に対して常に親身な対応を心がけている

高齢者に寄り添った弁護活動を行う大竹弁護士（中央）

設に入所しているという。

「お母さんはこの施設が気に入った様子で、伸び伸び生活していると聞いています。この時は次女の娘さんから『相談して本当に良かった』と感謝の言葉を頂きました」と振り返る。

大竹弁護士によるとこれはほんの一例で、同じようなケースに置かれている高齢者は「全国に多く潜んでいる」という。

「〝何気ない虐待〟は日常に見られる行為だけに無自覚になることが多いのです。気づいた時には取り返しのつかないことになっている場合もありますから、〝これって虐待じゃないの？〟と少しでも疑問を感じたら、早めに市や区などの行政や警察、そして私たち弁護士に相談してほしい」と声高に呼びかける。

老後のトラブルに備えた〝老活〟を積極推進
お年寄りの「かかりつけ弁護士サービス」を展開

高齢者虐待のほかにも、消費者被害や遺産・相続、財産管理など、高齢者に降りかかるトラブル

は多い。こうした問題を未然に防ぐために大竹弁護士が提唱する取り組みが〝老活〟だ。

「〝老活〟というのは端的に言えば、老後に備えて準備をするということです。仮に認知症になってしまうと自分でお金の管理が出来なくなり、自分だけではなく周りの家族にも迷惑をかけてしまうことになります。こうした事態を健康で元気なうちから考え、万全の対策を講ずることは非常に大切なことだという考えから、成年後見制度や遺言など、法制度を活用した活動が〝老活〟です」

〝老活〟の具体的な取り組みとして大竹弁護士は事務所独自の様々なサービスを提供している。

１つ目は、『老後のリスク診断サービス』だ。老後になるとさまざまなトラブルに見舞われることが多いが、どんなトラブルが起きるかは人によって異なる。そこで、老後のトラブルに詳しい大竹弁護士が家族関係や財産状況などをヒアリングして将来のリスクを分析し、具体的な対策を提案している。

「人によってリスクは違います。詳しい事情をうかがって、その人にあった対策を提案しています」とのことだ。実際に老後のリスク診断を通して、遺言書作成や相続税対策などの相談が寄せられるなど評判も上々だという。

２つ目が『かかりつけ弁護士サービス』である。これはお年寄りの専属弁護士となって老後の生活を守るシステムで、企業の顧問弁護士の個人版と言える。

「かかりつけのお医者さんのように、日頃からお客様のことを詳しく把握しているので、いざトラブルが起こった時でも安心して相談することが出来ます」と大竹弁護士。

保険のような安心を手に入れることができ、色んなことを相談する際でも、家族構成や生活状況などを弁護士が日ごろから把握しているため、いつでも気軽に相談することができる利点がある。

３つ目が相続・遺言サービスだ。「身内で相続争いを防ぐため、遺言書のコンサルティングや文案作成、作成代行、遺言書保管などのサービスを行っています。どういう遺言書が良いのかは人によっ

業務の傍ら“老活”に関するセミナー・講演活動を精力的に行っている

て異なるので、まずヒアリングを行ってそれに基づいた適切なコンサルティングをさせて頂きます」

さらに遺言書が無かった場合の遺産分割協議について、仲介役や交渉などのサポート、預貯金や不動産登記の名義変更などの相続手続き代行も行う。

「遺言書は、遺産に関する争いを防ぐ、中小企業や農地を自分が希望する者に承継させる、夫婦に子供がいない場合は妻に全財産を遺す、といった具合に、相続人の希望を確実に実現するための手段です。残される家族のことを考えて、遺言書をきっちりと作成しておくのはとても重要です」

こう強調する大竹弁護士は〝老活〟を広くアピールするためのセミナーを精力的に開催しており、「老活セミナー」は過去2年間で46回を数える。

セミナーを通じて全国に〝老活〟施設の整備を呼びかける
向こう10年の経営計画で強固な事務所運営を推進

虐待をはじめとした高齢者の問題は、年々高齢者が増えるに伴って増加の一途を辿っている。その一方で、大竹弁護士のような高齢者問題に力を入れて取り組む弁護士は全国的にもまだまだ少ないのが現状だ。

「受け皿が少なく、地域によっては高齢者の相談窓口すらありません。今後は講演やセミナーを通してより活発に〝老活〟を広げていくとともに、困った時にすぐに相談できる施設の整備などを全国規模で実現していく活動を進めていきたい」と力を込める。

高齢者問題に全力で取り組む大竹弁護士の四ツ谷法律事務所は、設立して今年11年目を迎える。四ツ谷駅から歩いて徒歩数分と交通至便な場所にあり、スタッフは大竹弁護士を含め弁護士3人、事務局4人の計7人で業務にあたっている。

「おかげさまで忙しい毎日です」と日々業務は順調に推移している。10年後には弁護士を今の3倍の12人に拡充し、事務スタッフも18人に増やす方針だ。大竹弁護士は独自の経営計画手帳を作成し、今後10年の経営計画に基づいた事務所運営も四ツ谷法律事務所の特徴の一つだ。

高齢者問題と企業の倒産案件に全力投球で挑む
〝明るい倒産〟で希望を失わず第二のスタートを

「今、高齢者問題に力を入れていますが、他の相談ももちろん随時受け付けています」

個人であれば労働問題や離婚、交通事故など、企業の場合は債権回収や契約書作成などを中心にした案件を手掛ける。なかでも高齢者問題と並んで今、力を入れているのが企業の倒産案件だという。

「倒産はどの弁護士に頼んでも結果は同じというわけではありません。私が実践しているのは〝明るい倒産〟です」

〝明るい倒産〟とは、「倒産は終わりではない。新しい第二の人生のスタートだ」と考える大竹弁護士の考案した倒産方法だ。

「倒産といえば、憂鬱で暗いイメージが付きまといます。生活のすべてが奪われ、果ては自殺を考えるほどの絶望的な状況を考えがちですが、実際そんなことはありません」

大竹弁護士はまず、こうした倒産のイメージを払しょくすることからはじめるという。

「もちろん再建出来る可能性があるなら、その手続きをさせていただきますし、倒産するにしても無意味な倒産は絶対に致しません」と言い切る。

　未来に向かう〝明るい倒産〟を実践するために大竹弁護士が経営者に必ず伝えることがある。

「それは覚悟と責任、そして希望です。この3つを頭に植えつけて頂き、後の細かい作業は全て私の事務所に任せて頂きます。とにかく手遅れになる前に早めに相談に来て頂きたい」と力説する。

高齢者問題と企業の倒産案件を2本柱に事務所を運営する大竹弁護士。この二大案件に共通するキーワードは「常に前向きで希望を失わないこと」である。

人生と経営の黄昏時に、希望を失うことなく新たな活力をみなぎらせてくれる大竹弁護士は、まさに頼れる信頼のリーガルドクターだ。

Profile

大竹 夏夫（おおたけ・なつお）

昭和43年生まれ。東京都出身。平成4年明治大学法学部卒業。平成7年弁護士登録（東京弁護士会所属）。新井泉太郎法律事務所勤務を経て平成13年5月大竹夏夫法律事務所開設。同14年弁護士法人レセラ設立。同18年四ツ谷法律事務所に名称変更。

所属・活動

日本弁護士連合会高齢者・障害者委員会委員。
“明るい倒産”という手法で経営難に苦しむ中小企業経営者の第二の人生のスタートを支援、事業再生・再建も手がける。東京都江戸川区などの自治体や大和ライフネクスト(株)、(株)ベネッセスタイルケアなどの企業講師も務める。“老活弁護士”として独自に開催する「老活セミナー」は2年間で46回を数えて好評を得ている。著書に『高齢者・障害者の財産管理と福祉信託』（三協法規出版・共著2008年）など。

Information

弁護士法人レセラ 四ツ谷法律事務所

所 在 地　〒102 － 0083　東京都千代田区麹町6 － 4麹町ハイツ406号
TEL 03 － 3512 － 0150　FAX 03 － 3512 － 0151
事務所URL　http://lesela.com/
老活URL　http://lesela.com/roukatsu/
倒産URL　http://lesela.com/akaruitousan/

設　　立　平成14年

アクセス　ＪＲ四ツ谷駅麹町口より徒歩約1分
地下鉄丸ノ内線・南北線
四ツ谷駅１番出口・３番出口より徒歩約３分
地下鉄有楽町線麹町駅４番出口・５番出口より徒歩約５分

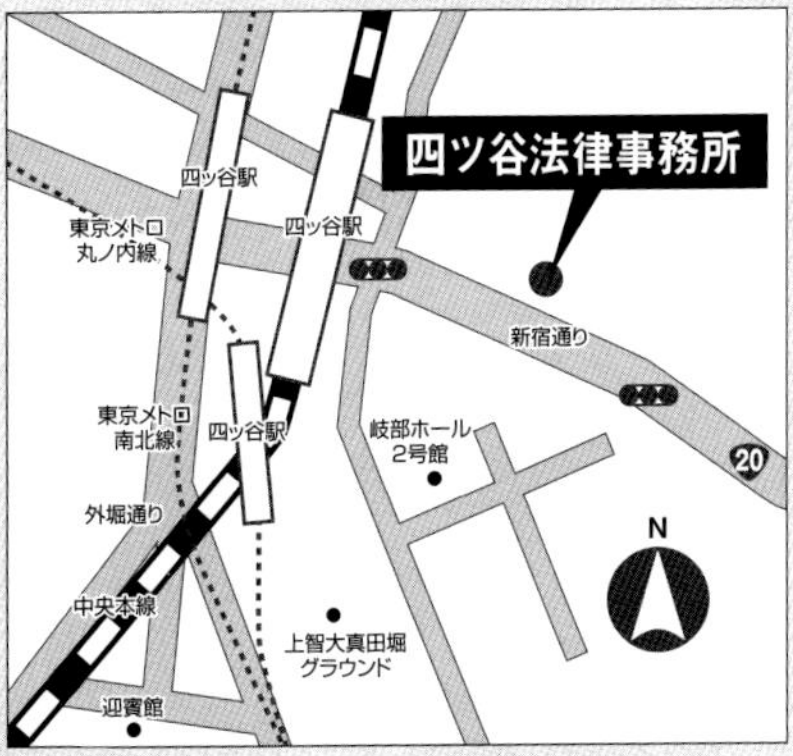

電話受付　9：00 ～ 21：00

主な業務内容
●法人
債権回収、労働問題、契約書作成、企業再建、倒産処理、顧問弁護士
●個人
借金返済、住宅ローン、遺言・相続、労働問題、成年後見、高齢者虐待、離婚、交通事故、消費者被害

遺産相続と知的財産の専門特化型法律事務所
東海地方随一の実績を誇り依頼人を徹底サポート

「調停事件であっても、判決（審判）が出た時に少しでも依頼者に有利な結論を出すための証拠集めと戦略検討を徹底的に行います」

弁護士法人 ロウタス法律事務所

弁護士　高橋 恭司

「訴訟大国アメリカでは、弁護士事務所の多くが、○△事件が専門です」とPRしている。ところが、日本の弁護士事務所のほとんどは、「どんな事件でも処理します」という「総合病院型」の事務所が主流だ。

そうした中、ロウタス法律事務所は、弁護士マーケットの大きな東京ではなく、名古屋の地で取扱案件を遺産相続・知的財産案件だけに絞った弁護活動を行っている。

国内の弁護士業界では珍しくても、ロウタス法律事務所代表である高橋恭司弁護士にとっては、「専門特化型事務所は当たり前のこと」だとさらりと言ってのける。

「一般の方にとって、弁護士に事件を依頼するというのは、一生のうちに一度あるかないかです。そんな大事な事件を託すのだから、『何でも扱います』という弁護士より、『この事件の専門家です』という弁護士に頼みたいのではないでしょうか。だから私はロウタス法律事務所を『相続と知的財産しか扱いませんが、他の事務所に負けない事件処理をする』事務所にしようと決めました」と説明する。

地方都市では珍しい専門分野に特化した法律事務所
相続と知的財産事件に特化して圧倒的な実績を誇る

ロウタス法律事務所には、質量ともに専門事務所を名乗るにふさわしい実績がある。

事件数は現在、相続事件だけで毎月10件程度の依頼があり、多い月には約20件の依頼を受ける。

解放感あるミーティングルームで依頼者の要望に応える

ちなみに、平成23年度の1年間に全国の裁判所に申立てられた遺産分割調停事件の数は1万１７２４件（司法統計）。他方、全国の弁護士数が3万４８５人（２０１２年・日本弁護士連合会調べ）だから、単純に計算すると、弁護士3人で1年間に1件の遺産分割調停の依頼を受ける勘定になる。

弁護士が関与する遺産相続事件で最も多いのは遺産分割調停であるため、弁護士4名のロウタス法律事務所が、毎月10件程度の相続事件を依頼されるというのは驚異的な数字だ。

ロウタス法律事務所では、「事件処理の質の高さも誇れる部分」と、他の追随を許さない成果を出している。「例えば、毎年のように、相続関連訴訟で逆転勝訴判決を得ているところでしょうか」と胸を張る。

これは他の弁護士が負けた事件を、ロウタス法律事務所が逆転しているのだ。「その中には『元弁護士会会長』や『相続分野で論文を発表している大学教授弁護士』といった実力弁護士が敗訴した事件も含まれています」と語る高橋弁護士。

「既に他の事務所の弁護士に依頼している人が、ロウタス法律事務所に依頼を変更するケースも多い」とのことだ。

これはセカンドオピニオンとしてロウタス法律事務所の意見を聞いた人が、高い事件処理レベルに裏付けられた意見に納得して、弁護士を変更するからだ。

ひたすら相続・知財分野の事件に向き合い専門性を高める 依頼者が悔しい思いをしないよう勝つために万全の備え

ロウタス法律事務所が相続・知的財産分野を取扱対象とした理由を、高橋弁護士は次のように語る。

「弁護士としての自分の実績を振り返ったときに、相続と知財分野が最も得意で実績もあり、この得意分野をさらに突き詰め高めることが依頼者の役に立つと考えたからです」

最近、弁護士業界や司法書士業界では、相続分野に力を入れる事務所が増えてきている。しかし、ロウタス法律事務所の場合は事情が違う。「世間の弁護士が過払いバブルに熱中している時に、全く過払い事件を扱わず、ひたすら相続・知的財産分野の事件と向き合い続け、専門性を高めてきました」という自負を持つ。

また、高橋弁護士は、「相続・知財こそ、自分が依頼者の役に立てる分野だ」との信念を持っているので、「相続分野からの撤退や縮小など考えたことさえないですね」とこの2分野に絶対の自信を覗かせる。

相続分野の特徴として、法律で細かい部分まで決められていないことから、事件処理の進め方も、結果も、依頼した弁護士によって異なることが少なくないという側面がある。

設立５年目を迎え躍進を続けるロウタス法律事務所

遺産分割の調停では、「とにかく依頼者の言い分をぶつけ合い、何年も時間をかけて当事者双方が疲れきったところで合意を目指す」といった戦略しか持たずに事件処理をする弁護士も多いという。

「ロウタス法律事務所ではそのような戦略なき事件処理はしません」ときっぱり言い切る。「調停事件であっても、判決（審判）が出た時に少しでも依頼者に有利な結論を出すための証拠集めと戦略検討を徹底的に行います。その上で、判決になった場合の結果予測と、様々な事実上のメリット・デメリットを多角的に検討して、事件の進め方に関する戦略を立てていきます」と独自の取り組み法を明かす。

また、裁判の見通しについても、「甘い見通しは絶対に立てないようにしています」と語気を強める。今の日本の裁判は、「真実は明らかになる、正しい人が勝つ」という制度ではなく、実質的に「勝つか負けるかは自己責任。証拠を集め、分かりやすく裁判で説明した人が勝つ」という制度になっているためだ。

そのため『裁判で真実が認められて当然だ』という幻想を抱いて事件を進めると、依頼者が悔しい思いをすることになる。だからこそ、ロウタス法律事務所では、依頼者がそんな悔しい思いをしないように、徹底的に「判決で勝つ」ための準備を怠らない。

大切なのは、いつでも、何でも遠慮なく相談すること
弁護士を対象としたセミナー講師を精力的に務める

ロウタス法律事務所は〝勝つための準備〟を徹底的に行う。しかし、「勝つことは手段であって、事件処理の目的は、依頼者が納得することです」と主張する。「言い換えると、依頼者にロウタス法律事務所に頼んで良かったと心から思ってもらうことが一番の目的になります」

後悔しない事件対応のためには、「何が問題なのか、何をすべきかを依頼者がしっかり理解することが必要」だと高橋弁護士は語る。このため、ロウタス法律事務所では、依頼者には弁護士と同じ資料を提供し、弁護士の事件処理方針を依頼者に十分理解してもらっている。

「誤解して頂きたくないのは、依頼者に対しても法律の理解力が求められるということではありません」と高橋弁護士。ロウタス法律事務所が依頼を受ける際に依頼者にお願いするのは、「たった一つの簡単な約束です」という。

その約束というのは、「『先生は忙しいから、こんなことで電話をするのはやめよう』、『こんなことを弁護士に聞くのは恥ずかしい』という遠慮を一切せず、気付いた時に何でも弁護士に連絡することです」ということだ。

この約束さえ守れば、あとは、ロウタス法律事務所が豊富な経験から事件の進め方を提案し、依頼者に分かりやすく状況を説明する。これによって依頼者は、「今何が起こっているか、何をすべきなのか」ということを十分理解して、後悔のない事件対応をすることができるというのである。

高橋弁護士は、忙しい業務の合間を縫って弁護士向けセミナーの講師も精力的に行っている。「セミナー内容は、相続事件に関して、事件を受任するためのポイントと受任した事件の処理方法が多い」とのことだ。

いずれのセミナーも、受講した弁護士の評判はとても良く、『高橋弁護士のやり方は弁護士業界の革命とも言える』、『自分も是非参考にして取り入れたい』といった声が多く寄せられる。

自分が培ったノウハウを他の弁護士にも共有する 事件処理レベル上昇のスパイラルが構築

「事件を受任するためのセミナー」というと、何か特別なアイテムを使ったり、決めゼリフ等の巧みな話術があるのではと思われるが、ロウタス法律事務所ではそうした小手先のテクニックを弄するようなことはしない。

「受任前の法律相談で依頼者に対して、『あなたが依頼された事件について、当事務所ではこのように処理をします』といった説明をするだけです」という。

さらに、法律相談の最後には、「他の法律事務所にも足を運んで、他の弁護士の分析や意見も聞いてください。その上で弁護士を比べて選んで下さい」と付け加えるという。

それでもロウタス法律事務所が依頼を受けるのは、実績に裏付けられた事件の分析と解決のための提案が、他の事務所より優れているからに他ならない。「弁護士によって結果が変わるだけに、相続問題はまさにまず実力ありきなんです」と高橋弁護士は熱く語る。

こうした受任の流れを作るために高橋弁護士がこだわったのは、「まずは、自分が磨きあげたノウハウを余すところ無く他の弁護士に習得してもらうこと」だ。そして、事務所で働く弁護士の育成にも力を入れている。

図表を豊富に使った法律相談やセミナーはわかり易いと評判

「これを掛け声だけでなく、システムとして構築し、日々改良を重ねています」

さらに、高橋弁護士のもう一つのこだわりは、「事件を処理するほど事務所全体の事件処理レベルが上がる仕組みの構築」だという。ロウタス法律事務所では、事件はやりっ放しにして終わりにするのではなく、ある弁護士が担当した事件処理から得られたノウハウは、すぐに事務所内で共有し、他の弁護士が応用できる体制を整えている。「だから、事件を受任するほど、事務所の事件処理レベルが上がる」というわけだ。

つまり、ロウタス法律事務所では、質の高い事件処理をする↓法律相談で事件処理能力を示す↓依頼を受ける↓事件処理を通じてさらに事件処理レベルを高める↓法律相談で事件処理能力を示す↓依頼を受ける、という循環を繰り返すことで、事件処理レベル上昇のスパイラルができているのである。

依頼者からのプレッシャーをばねにさらにレベルアップ
事件処理のレベルアップと弁護士の人材育成に注力

あるとき、セミナー受講者（弁護士）の中から、『法律相談であまり相談者の期待を高めると、受任後困らないか？』という質問があったという。

この質問に対して高橋弁護士は「依頼者の大きな期待がプレッシャーとなって、事務所のレベルをさらに上に押し上げてくれます。依頼者の期待に応えられるように自分たちにプレッシャーをかけ続けて、事務所のレベルを常に高めていけばいいんです」と答える。プレッシャーをばねにさらにレベルアップを図っているのだ。

設立から5年目を迎えたロウタス法律事務所は多くの事件をこなし、とくに相続に関しては東海地方随一の法律事務所として評判だ。しかし、高橋弁護士は、「現状に満足せずさらに向上していきたい」と意気込む。

「相続事件は本当に奥が深い。年間何百件もの相続事件に関わっていますが、日々新たな発見があります。もっと多くの相続事件を経験して、もっと相続事件の処理レベルを高めたい。弁護士の数も増やしてより多くの依頼者の役に立ちたい」と瞳を輝かせる。

高橋弁護士は44歳。かつては自分の弁護士としての腕を磨くことに心血を注いできたが、今は事務所全体としてブラッシュアップに努め、弁護士としてのハイレベルな職人芸を共有して、さらにより多くの依頼者の期待に応えていこうとしている。

Profile

高橋 恭司（たかはし・きょうじ）

昭和44年3月生まれ。愛知県出身。一橋大学法学部卒業。平成12年弁護士登録。平成16年弁理士登録。平成20年ロウタス法律事務所開所。知的財産・相続分野での講演多数。

所属・活動

愛知県弁護士会所属、日本知的財産協会東海地区研修講師（法令入門、知的財産権争訟)、日本弁理士会東海地区能力担保研修講師、椙山女学園大学現代マネジメント学部非常勤講師（知的財産権)、名城大学法学部非常勤講師（民法)、名古屋商工会議所本部専門相談員、独立行政法人中小企業基盤整備機構経営支援アドバイザー（法律)、日本弁護士連合会司法制度調査会委員、日本知的財産仲裁センター名古屋支部運営委員

Information

弁護士法人 ロウタス法律事務所

所 在 地　〒460－0002　名古屋市中区丸の内3－14－32
丸の内三丁目ビル703号
TEL 052－203－0311　FAX 052－203－0355
URL　http://www.horitsusodan.jp/
E-mail　mail@lotus-law.jp

設 立　平成20年

アクセス　名古屋市営地下鉄「丸の内」駅徒歩約５分
市営地下鉄「久屋大通」駅からも徒歩約８分

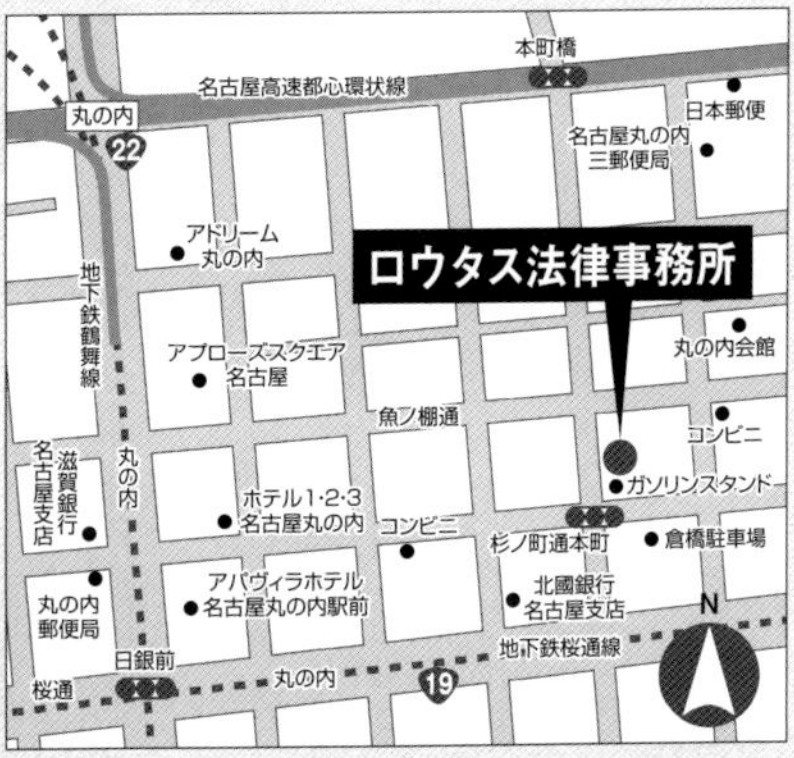

営業時間　月～金　９時～１８時
(事前予約で土曜日も対応)

主な業務内容

●遺言・遺産相続
1. 遺言書作成サポート、2. 相続手続サポート、3. 遺産分割協議サポート(争いのない場合)、4. 交渉・調停・審判における代理人業務、5. 遺留分減殺請求手続き、6. 相続放棄、限定承認サポート

●特許権に関する業務
1. 特許権侵害に対する対応、2. ライセンス契約業務、3共同開発等特許関連契約書の作成

●商標権に関する業務
1. 商標権侵害に対する対応、2. 契約業務

●著作権に関する業務
1. 著作権侵害に対する対応、2. 契約業務

●不正競争防止法に関する事件

●顧問弁護士業務

●その他
1.　コンピューターシステムの開発に関するトラブル、2. 独占禁止法違反を理由とする公正取引委員会の調査対応 3. 一般民事・商事事件

巻末資料①　「弁護士の使命と役割」

「弁護士の使命」

弁護士は、基本的人権を擁護し、社会正義を実現することを使命とします（弁護士法1条1項）。

弁護士は、この使命にもとづいて誠実に職務を行います。

「弁護士の役割」

―法律の専門家として、そして「社会生活上の医師」として―

弁護士は、法廷活動、紛争予防活動、人権擁護活動、立法や制度の運用改善に関与する活動、企業や地方公共団体などの組織内での活動など、社会生活のあらゆる分野で活動しています。

弁護士は、社会で生活するみなさんの「事件」や「紛争」について、法律の専門家として適切な予防方法や対処方法、解決策をアドバイスする「社会生活上の医師」なのです。

病気の予防が大事なのと同じように、社会生活での争いごとを未然に防ぐ活動は、弁護士の重要な役割の一つです。

弁護士が扱う事件には、大きく分けて民事事件と刑事事件があります。それぞれにおける弁護士の役割を以下で説明します。

【民事事件】

民事事件は、金銭の貸借、不動産の賃貸借、売買、交通事故、欠陥住宅や医療過誤などの普段の生活の中で起こる争いごとです。広くは、離婚や相続などの家事事件、商事事件、労働事件、行政事件などを含みます。

弁護士は、これらの事件について、法律相談、和解・示談交渉、訴訟活動や行政庁に対する不服申立てといった法律事務などを行っています。

「人の争いごとにどうして弁護士が関わるの？」

こんな疑問をお持ちの方もいらっしゃるかもしれません。しかし、このような事件においても、当事者の話し合いだけに委ねていたら、解決がつかなかったり、力の弱い人や法的知識のない人が泣き寝入りを強いられることにもなりかねません。

弁護士は、依頼者の立場にたって「法的に守られるべき利益は何か」を模索し、依頼者の正当な利益を実現して紛争を解決するために活動します。このような一つ一つの活動が、人権擁護と社会正義の実現につながるのです。

【刑事事件】

刑事事件は、罪を犯した疑いのある人（裁判所に起訴される前は被疑者、起訴された後は被告人といいます）の捜査や裁判に関する事件をいいます。

弁護士は、刑事事件において、弁護人として被疑者や被告人の弁護活動をします。

「どうして悪い人の弁護をするの？」

こんな疑問をお持ちの方もいらっしゃるかもしれません。しかし、捜査の対象となったり、刑事裁判を受けることになったり、犯人であるかのような報道がされたりしても、本当にその人が犯罪を行った「悪い人」であるとは限りません。

弁護人の最も重要な役割は、えん罪の防止です。えん罪は、無実の市民の自由を奪い、その家族の生活を破壊する最大の悲劇です。えん罪の多くは、捜査機関が犯人だと決めつけ、発表された情報にもとづいて、多くの人がその人を犯人だと思いこみがちな状況で発生します。だからこそ、多くの人が被告人が犯罪を行ったと思っている状況でも、無罪の可能性を追求する弁護人の役割が必要なのです。

また、行き過ぎた刑罰が科されたり、違法な手続が見逃されたりしないようにするためにも、弁護人は被告人の立場から、意見を述べ、証拠を提出します。

このような弁護人の活動は、まさに人権擁護と社会正義の実現のためのものにほかなりません。

あなたや、あなたの大切な人にいわれのない疑いが向けられたとき、弁護人は、最後の一人になっても、ベストを尽くします。

（出典：日本弁護士連合会）

巻末資料② 法テラス（日本司法支援センター）とは

目的

法テラスは、総合法律支援法（平成16年6月2日公布）に基づき、独立行政法人の枠組みに従って設立された法人で、総合法律支援に関する事業を迅速かつ適切に行うことを目的としています。（総合法律支援法　第14条）

法テラスは、裁判その他の法による紛争の解決のための制度の利用をより容易にするとともに、弁護士及び弁護士法人並びに司法書士その他の隣接法律専門職者（弁護士及び弁護士法人以外の者であって、法律により他人の法律事務を取り扱うことを業とすることができる者をいう。以下同じ。）のサービスをより身近に受けられるようにするための総合的な支援の実施及び体制の整備に関し、民事、刑事を問わず、あまねく全国において、法による紛争の解決に必要な情報やサービスの提供が受けられる社会の実現を目指して、その業務の迅速、適切かつ効果的な運営を図ります。

業務

○情報提供業務

情報提供業務とは、利用者からの問い合わせ内容に応じて、法制度に関する情報と、相談機関・団体等（弁護士会、司法書士会、地方公共団体の相談窓口等）に関する情報を無料で提供する業務です。

法的トラブルにあい、どのような解決方法があるのか分からない、どこに誰に相談していいのか分からないという方々に、また身近にそのような方がいる方、将来法的トラブルになるのを避けるために予め法制度に関する情報等を得ておきたい方々に、解決のための道案内をいたします。

○民事法律扶助業務

民事法律扶助業務とは、経済的に余裕がない方が法的トラブルにあった時に、無料で法律相談を行い（「法律相談援助」）、弁護士・司法書士の費用の立替えを行う（「代理援助」「書類作成援助」）業務です。

○司法過疎対策業務

司法過疎対策業務とは身近に法律家がいない、法律サービスへのアクセスが容易でない司法過疎地域の解消のために法テラスの「地域事務所」設置等を行なう業務です。

地域事務所では法テラスに勤務する弁護士が常駐し、気軽に相談や依頼ができる頼りがいのある事務所運営を心がけています。

「民事、刑事を問わず、あまねく全国において、法による紛争の解決に必要なサービスの提供が受けられる社会の実現」するための重要な担い手として、約２００名（平成22年3月現在）の「常勤弁護士（スタッフ弁護士）」が、全国の法テラスで活躍しています。

○犯罪被害者支援業務

犯罪被害者支援業務では、犯罪被害者支援を行なっている機関・団体との連携のもと、各地の相談窓口の情報を収集し、「その方が必要とされている支援」を行っている窓口をご案内します。

また、被害にあわれた方やご家族の方などが、その被害に係る刑事手続に適切に関与したり、お受けになった損害・苦痛の回復・軽減を図るための法制度に関する情報を提供します。

さらに、弁護士による法律相談等の支援を必要とされる場合には、個々の状況に応じて、弁護士をご紹介しています。また、弁護士費用等については、その方の経済状況等に応じて、民事法律扶助や日弁連委託法律援助の制度をご利用いただけます。その他、被害者参加人のための国選弁護制度に関する業務を行っています。

○国選弁護等関連業務

国選弁護事件に関して、法テラスは国の委託に基づき、裁判所もしくは裁判長又は裁判官（裁判所等）の求めに応じ、法テラスとの間で国選弁護人の事務を取り扱うことについての契約をしている弁護士（契約弁護士）の中から、国選弁護人の候補を指名し、裁判所等に通知すること、並びに、この通知に基づき国選弁護人に選任された契約弁護士にその事務を取り扱わせることとされております。国選弁護関連業務は、このように法テラスにおいてスタッフ弁護士を含めた契約弁護士を確保し、全国的に充実した弁護活動を提供していく業務です。平成19年11月1日からは、改正少年法の施行に伴い、国選付添制度についても法テラスの業務となりました。国選付添制度とは、少年事件（一定の重大事件等）について、裁判所の職権により弁護士を付添人として選任する制度です。

法テラスでは、国選弁護人及び国選付添人になろうとする弁護士との契約、国選弁護人候補及び国選付添人候補の指名及び裁判所等への通知、国選弁護人及び国選付添人に対する報酬・費用の支払いなどの業務を行います。

なお、国選弁護制度及び国選付添制度は、法律上それぞれ刑事事件及び少年事件に限られており、民事事件では利用できません。

○受託業務

受託業務とは、法テラス本来の業務の遂行に支障のない範囲で、国、地方自治体、非営利法人等から委託を受けて行う業務です。現在は次の2団体からの委託による業務を行っています。

法テラスでは、日本弁護士連合会からの委託による援助業務を行っています。この業務は、総合法律支援法が規定する法テラスによる民事法律扶助制度や国選弁護制度等でカバーされていない手続を対象として、人権救済の観点から弁護士費用等の援助を行う業務です。

なお、この援助の利用に際しては、利用当事者からではなく委託援助契約弁護士を通じての申込みが必要となります。

（出典：日本司法支援センター）

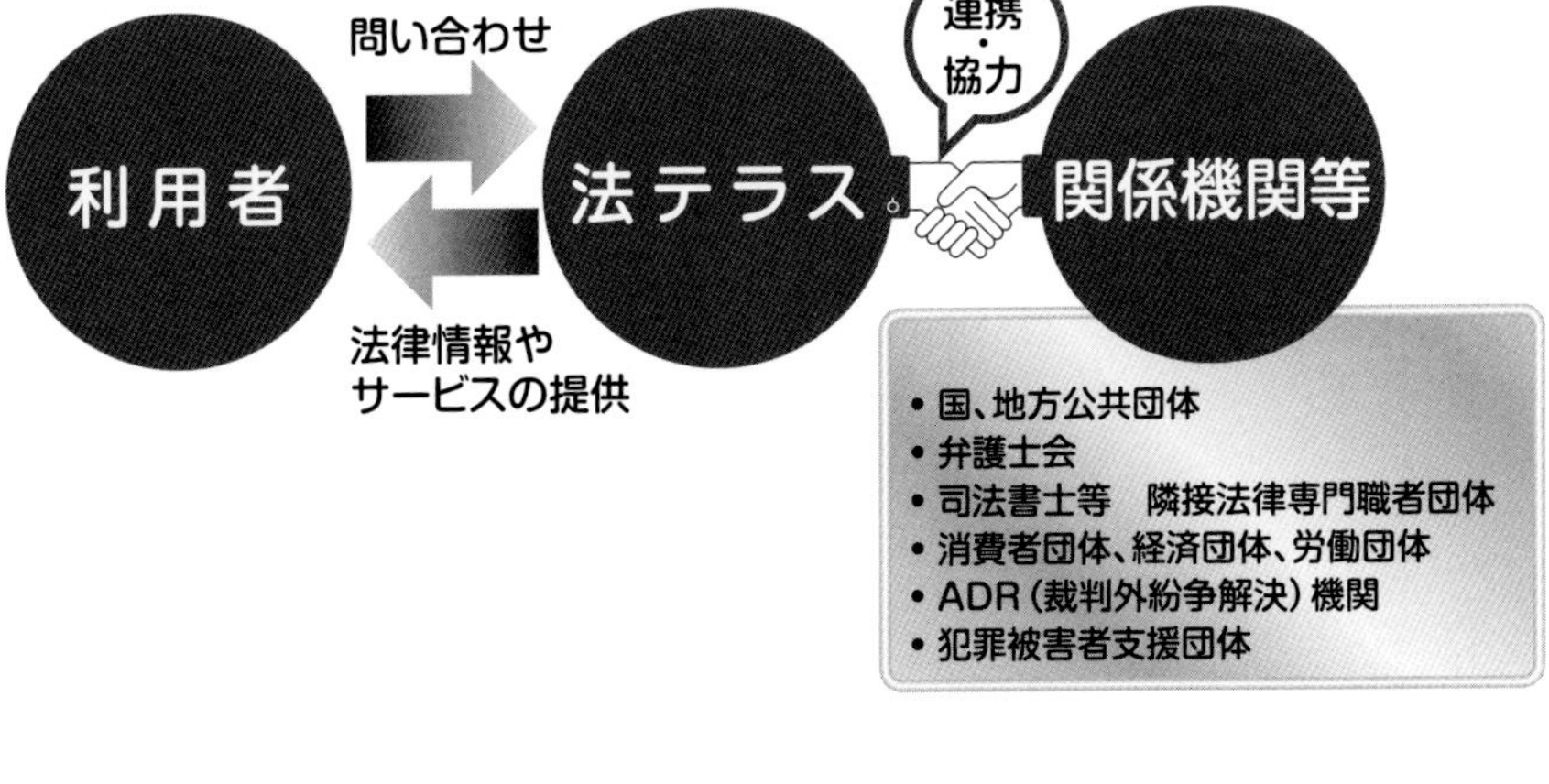

巻末資料③

裁判員制度ってどんな制度？

「私たち国民が裁判に参加する制度です」

○裁判所から呼び出し状が届く

裁判員制度とは、刑事裁判に、国民のみなさんから選ばれた裁判員が参加する制度です。

裁判員は、刑事裁判の審理に出席して証拠を聞き出し、裁判官と対等に論議して、被告人が有罪か無罪か（被告人が犯罪を行ったことにつき「合理的な疑問を残さない程度の証明」がなされたかどうか）を判断します。

「合理的な疑問」とは、みなさんの常識に基づく疑問です。常識に照らして、少しでも疑問が残るときは無罪、疑問の余地はないと確信したときは有罪と判断することになります。有罪の場合には、さらに、法律に定められた範囲内で、どのような刑罰を宣告するかを決めます。

裁判員制度の対象となるのは、殺人罪、強盗致死傷罪、傷害致死罪、現住建造物等放火罪、身代金目的誘拐罪などの重大な犯罪の疑いで起訴された事件です。原則として、裁判員６名と裁判官３人が、ひとつの事件を担当します。

○裁判員等選任手続

裁判員は、衆議院議員選挙の有権者から選ばれます。

毎年秋ころ、選挙人名簿から、翌年１年間の裁判員候補者が無作為に選ばれ、裁判員候補者名簿が作成されます。そして、事件の審理が始まる前に、その名簿の中から、さらに無作為抽出により、その事件の裁判員候補者が選ばれます。

裁判員候補者は、裁判所からお知らせ（呼出状）を受け取ると、指定された日時に裁判所に出向きます。

○公判手続き

裁判員は、公判期日に出頭して、刑事裁判の審理に出席します。

公判期間は、できるだけ連日開かれ、集中した審理が行われます。こうした審理に対応するため、裁判官・検察官・弁護人は、公判期間に先だって、公判前整理手続を行い、検察官の手元にある証拠を開示したうえで、争点を整理し、審理の予定を立てておきます。

公判期日のはじめに、検察官が起訴状を朗読します。起訴状とは、検察官が刑事裁判を求めて裁判所に提出する書類のことで、その裁判で検察官が証明しようとする事件の要点などが書かれています。その後、検察官と弁護人双方が、それぞれが描く事件のストーリーを裁判員に説明したうえで（冒頭陳述）証拠の取調べが行われます。

検察官・弁護人の説明や証拠調べは、裁判員に分かりやすい方法で行われます。証拠調べは、証人尋問で証人から直接話を聞くことが中心となります。

証拠調べが終了したら、検察官の意見陳述（論告）、弁護人の意見陳述（弁論）が行われて、審理は終了となります。

なお、事件によっては、被害者が裁判に参加することもあります。

○評議・評決

公判審理が終了したら、裁判員と裁判官は、被告人が有罪か無罪か（「合理的な疑問を残さない程度の証明」がなされたか否か）、有罪の場合はどのような刑罰を宣告するかについて、議論をします。

有罪・無罪の判断と刑罰の選択については、裁判員は、裁判官と対等な権限を持っています。これに対し、訴訟手続に関する問題や法律の解釈については、裁判官のみが判断することになっています。

評議に際しては、無罪推定の原則、つまり、被告人は裁判で合理的な疑問を残さない程度に有罪と立証されるまでは、無罪と推定される（有罪とされない）という刑事裁判の大原則を常に念頭に置かなくてはなりません。

評議は全員一致を目指して議論しますが、どうしても全員一致に至らない場合には、多数決による評決を行います。

○判決宣告

判決の宣告は、裁判員が立会い、裁判長が行います。

裁判員の任務は、判決の宣告をもって同時に終了します。その後、裁判官は、宣告した判決の内容を、判決書にまとめます。

（出典：日本弁護士連合会）

掲載弁護士一覧

ＡＬＢＡ法律事務所　弁護士 高橋 斉久

〒160 － 0017　東京都新宿区左門町 6 － 7　鯉江ビル 501
TEL 03 － 6380 － 0876　FAX 03 － 6380 － 0875
URL　http://www.alba-lawoffice.com

弁護士法人クラフトマン　弁護士･弁理士 石下 雅樹

新宿事務所　〒160 － 0022　東京都新宿区新宿 4 － 2 － 16
パシフィックマークス新宿サウスゲート 9 階
TEL 03 － 6388 － 9679　FAX 03 － 6388 － 9766
URL　http://www.ishioroshi.com
横浜事務所　〒221 － 0835　横浜市神奈川区鶴屋町 3 － 32 － 14　新港ビル 4 階
TEL 045 － 276 － 1394　FAX 045 － 276 － 1470

小西法律事務所　弁護士 小西 憲太郎

〒530 － 0047　大阪市北区西天満 3 － 13 － 18　島根ビル 4 F
TEL 06 － 6360 － 6362　FAX 06 － 6360 － 6364
URL　http://www.konishilaw.jp

櫻井法律事務所　弁護士 櫻井 博太

〒460 － 0002　名古屋市中区丸の内 1-8-23 第 7KT ビル 2B
TEL 052 － 201 － 5211　FAX 052 － 201 － 5231
E-mail　sakulaw@nba.tcp-ip.or.jp
URL　http://www.sakurai-houritsujimusyo.net/

さつき法律事務所　弁護士 大貫 憲介

〒162 － 0824　東京都新宿区揚場町 2-16　第 2 東文堂ビル 3 階
TEL 03 － 5261 － 8291　FAX 03 － 5261 － 8303
E-mail　mail@satsukilaw.com　URL　http://www.satsukilaw.com/

ソレイユ経営法律事務所　弁護士 板垣 謙太郎

〒510 － 0071　三重県四日市市西浦 1-1-7　千元ビル 3 階
TEL 059 － 350 － 2551　FAX 059 － 350 － 2552
E-mail　itagaki@soleil-ml.jp　URL　http://www.soleil-ml.jp/

高橋綜合法律事務所　弁護士 高橋 達朗

〒105 － 6015　東京都港区虎ノ門 4 － 3 － 1　城山トラストタワー 15F
（平成 25 年 11 月に同ビル 30F へ移転）
TEL 03 － 3578 － 6888　FAX 03 － 3578 － 6665
URL　http://www.takahashi-sogo.com

弁護士法人 デイライト法律事務所　弁護士 宮﨑 晃

〒812 － 0011　福岡市博多区博多駅前 2 丁目 1 番 1 号　福岡朝日ビル 7 階
新規ご予約専用ダイヤル　0120 － 783 － 645（ナヤミ　ムヨーヘゴー）
TEL 092 － 409 － 1068　FAX 092 － 409 － 1069
URL　http://www.daylight-law.jp/

東京ジェイ法律事務所　弁護士 松野 絵里子

〒102 － 0094　東京都千代田区紀尾井町 3 － 12　紀尾井町ビル 8 階
TEL 03 － 6380 － 9593　FAX 03 － 6757 － 8793
URL　http://ben5.jp/

なにわ法律事務所　弁護士 大西 隆司

〒531 － 0041　大阪市北区天神橋 7 － 15 － 5　好きやねん大阪ビル 4 階
TEL 06 － 6940 － 4969　FAX 06 － 6940 － 4986
E-mail　info@naniwa-law.com
URL　http://naniwa-law.com/（事務所）、http://naniwa-souzoku.com/（相続事業部）

西村隆志法律事務所　弁護士 西村 隆志

〒530－0047　大阪市北区西天満2－6－8　堂島ビルヂング501号室
TEL 06－6367－5454　FAX 06－6367－5455
E-mail info@nishimuralaw.jp　URL http://www.nishimuralaw.jp

野口＆パートナーズ法律事務所　弁護士 野口 大　弁護士 大浦 綾子

〒530－0047　大阪市北区西天満1－2－5　大阪JAビル12階
TEL 06－6316－1600　FAX 06－6316－1601
URL http://www.noguchi-p.jp/

野口＆パートナーズ・コンサルティング株式会社

東京事務所　〒135－0063　東京都江東区有明3－7－26
有明フロンティアビルB棟9階
TEL 03－5530－8217　FAX 03－5530－8219
大阪事務所　〒530－0047　大阪市北区西天満1－2－5　大阪JAビル12階
TEL 06－6316－1600　FAX 06－6316－1601

弁護士法人フェアネス法律事務所　弁護士 遠藤 直哉

〒105－0003　東京都港区西新橋1－6－13　柏屋ビル8階
TEL 03－3500－5330　FAX 03－3500－5331
E-mail endo@fair-law.jp　URL http://fair-law.jp
（平成26年1月に下記住所に移転）
〒100－0013　東京都千代田区霞が関1－4－1　日土地ビル10F
（TEL・FAX・E-mail変更なし）

南堀江法律事務所　弁護士 山内 憲之

〒550－0015　大阪市西区南堀江1－11－5　ナカムラビル6階
TEL 06－6110－9789　FAX 06－6110－9792
E-mail y-noriyuki@nifty.com　URL http://www.yama-nori.com/

横浜西口法律事務所　弁護士 飯島 俊

〒221－0835　横浜市神奈川区鶴屋町1－6－1　岩井ビル3階C室
TEL 045－534－7824
URL http://www.yokohamanishiguchi.com/

弁護士法人 リーガルジャパン　弁護士 木下 慎也

〒530－0001　大阪市北区梅田1－1－3　大阪駅前第3ビル12階
TEL 06－4797－0905　FAX 06－4797－0906
URL http://www.legaljapan.jp/

弁護士法人レセラ 四ツ谷法律事務所　弁護士 大竹 夏夫

〒102－0083　東京都千代田区麹町6－4 麹町ハイツ406号
TEL 03－3512－0150　FAX 03－3512－0151
URL http://lesela.com/（事務所）、http://lesela.com/roukatsu/（老活）
http://lesela.com/akaruitousan/（倒産）

弁護士法人 ロウタス法律事務所　弁護士 高橋 恭司

〒460－0002　名古屋市中区丸の内3－14－32　丸の内三丁目ビル703号
TEL 052－203－0311　FAX 052－203－0355
E-mail mail@lotus-law.jp　URL http://www.horitsusodan.jp/

おわりに

今、日本の司法制度改革がさまざまな課題を孕みながらも大きく前進しつつあります。

２００４年４月に法科大学院（ロースクール）が開校し、次代の法曹界を担う多くの法律家を輩出し、２００６年４月には司法と国民を身近に結ぶ日本司法支援センター（法テラス）が設立されました。２００８年６月に弁護士ゼロ地域が解消され、さらに２００９年５月に、国民が裁判員として刑事裁判に参加する裁判員制度が発足しました。

こうした一連の司法制度改革で、司法は私たちの暮らしの中で非常に身近なものになってきました。

とりわけ弁護士は、「国民が社会生活を営むうえでの医師」（日本弁護士連合会）としてより親しみやすくなり、ビジネスや暮らしのドクターとして非常に近しい存在になっています。ロースクール開校時の２００４年に２万２２２４人だった弁護士人口は、２０１１年に３万人を超え、２０１２年は３万２０８８人を数えます。

市民と弁護士とのアクセスは従来とは比較にならないほど短絡的になり、法律事務所の敷居は低くなり、〝町医者〟と同じような感覚で誰もが気軽に相談に訪れるようになってきました。

私たちはこれまで、弁護士をはじめ税理士や社会保険労務士など他の士業を含めた「頼れる士業」シリーズを2巻にわたって制作してきました。

今回、企業法務、個人問題、外国人問題、少年問題、高齢者問題、労働問題などの幅広い領域で、トラブルや問題の解決に向けて、市民目線に立って奮闘する弁護士の活躍を紹介する「弁護士プロフェッショナル　暮らしとビジネスを守る法律ドクター」の出版を企画しました。

訴訟社会の到来が叫ばれて久しいですが、高齢社会の進展、加速化するネット社会、複雑高度化する生活環境、社会環境のなかで、社会的ストレスやトラブルはますます増加の一途をたどりつつあります。

そうした中で、依頼者に寄り添ってしっかりとリーガルサポートする頼れる弁護士の存在が強く求められています。

本書が、さまざまな問題やトラブルを抱えている皆さんと、地域社会で高い信望を集める弁護士プロフェッショナルとのよき出会いの一助になれば望外の喜びです。

平成二十五年九月

産経新聞生活情報センター

弁護士《べんごし》 プロフェッショナル

●暮《く》らしとビジネスを守《まも》る法律《ほうりつ》ドクター●

発 行 日　平成25年10月15日　初版第一刷発行

編著・発行　株式会社ぎょうけい新聞社
〒531-0071　大阪市北区中津1丁目11－8
中津旭ビル3F
Tel. 06－4802－1080　Fax. 06－4802－1082

発 行 人　椿　貴行

企　　画　産経新聞生活情報センター

発　　売　図書出版 浪速社
〒540-0037　大阪市中央区内平野町2丁目2-7
Tel. 06－6942－5032（代）　Fax. 06－6943－1346

印刷・製本　株式会社 日報印刷

ISBN978-4-88854-473-3